AF634644

Silke Hubrig

100 Bewegungs-spiele

für mehr
Sozialkompetenz
Klasse 1 bis 4

Lektorat: Juliane Baumann, Berlin; Doreen Wilke, Berlin
Umschlaggestaltung: Corinna Babylon, Berlin
Umschlagzeichnung und Layoutelemente (Turnboden): Corinna Babylon, Berlin
Umschlagillustrationen und Illustrationen im Innenteil (Monster): Cornelsen/Roxana Rahmlow
Innenlayout und technische Umsetzung: Thomas Krauß, krauß-verlagsservice, Ederheim/Hürnheim

www.cornelsen.de

1. Auflage

Druck: H. Heenemann, Berlin

ISBN 978-3-589-16728-9

PEFC/04-31-1156

PEFC zertifiziert
Dieses Produkt stammt aus nachhaltig bewirtschafteten Wäldern und kontrollierten Quellen.

www.pefc.de

INHALTSVERZEICHNIS

VORWORT

Menschen sind soziale Wesen. Sie leben zusammen und sind aufeinander angewiesen. Ohne eine menschliche Gemeinschaft wäre ein Kind nicht in der Lage, eine eigene Identität zu entwickeln. Kinder müssen also soziale Fähigkeiten erwerben, um gut leben zu können. Der Erwerb dieser Sozialkompetenzen zählt zu den wichtigsten Entwicklungsaufgaben eines Kindes. Die Förderung der sozialen Fähigkeiten spielt auch in der Grundschule eine zentrale Rolle. Da Grundschulkinder einen starken Bewegungsdrang haben, bietet es sich an, soziale Kompetenzen gezielt in Bewegungsangeboten herauszufordern und zu fördern. Und da Kinder sich in der Regel gern mit anderen Kindern bewegen, sind soziale Fähigkeiten zwangsläufig gefordert – und werden damit auch gefördert. Es können jedoch auch gezielt bestimmte Aspekte des Sammelbegriffs „soziale Kompetenzen“ oder „soziale Fähigkeiten“ gefördert werden. Hierfür bietet dieses Buch eine Fülle verschiedenster Bewegungsspiele und Bewegungsangebote. Die Spielideen sind nach bestimmten sozialen Fähigkeiten kategorisiert. Diese – und noch weitere – bilden zusammen ein gutes Sozialverhalten mit sozialen Kompetenzen.

Die dargestellten Spiele und Angebote sollten sich nicht auf den Sportunterricht beschränken. Die meisten der Spiele können auch im Klassenzimmer, auf dem Flur vor dem Klassenzimmer oder auf einem Außengelände durchgeführt werden. Bestimmte Bewegungsmaterialien und Großgeräte lassen sich in der Regel durch Alltagsmaterialien und -möbel ersetzen. Insbesondere sollte die Freude an der Bewegung und am Miteinander im Vordergrund stehen. Es sollte stets eine Grundhaltung spürbar sein, dass die Kinder miteinander und nicht gegeneinander spielen – und dass es darum geht, Spielpartner*innen zu sein und keine Spielgegner*innen.

BEGRIFFLICHE KLÄRUNG UND BEDEUTUNG

VON SOZIALER KOMPETENZ IN DER GRUNDSCHULE

Was sind soziale Kompetenzen?

Soziale Kompetenzen hängen eng mit dem Begriff „Sozialverhalten" zusammen. Mit dem Sozialverhalten ist jede Interaktion zwischen Menschen gemeint, also jede zwischenmenschliche Verhaltensweise und Beziehung zu einem anderen Menschen. Der Begriff „Sozialverhalten" ist erst einmal wertneutral. Ein Sozialverhalten kann positiv oder auch negativ (asozial) sein. Ein gutes Sozialverhalten ist die Voraussetzung dafür, in einer Gesellschaft zurechtzukommen und zufriedenstellend leben zu können.

Für ein gutes Sozialverhalten muss ein Kind über soziale Kompetenzen verfügen. Es gibt vielfältige Ansichten, was unter dem Begriff „soziale Kompetenz" zu verstehen ist. Für den einen bedeutet sozial kompetent zu sein, wenn jemand gut mit anderen auskommt, für andere, miteinander zu kooperieren oder auch ein hohes Maß an Rücksichtnahme und Hilfsbereitschaft zu zeigen. Letztendlich sind zwar alle Ansichten richtig – aber sie sind nicht vollständig, sondern betonen immer nur einen Aspekt des Sammelbegriffs „soziale Kompetenzen". Soziale Kompetenzen beschreiben einen Komplex verschiedenster Fähigkeiten und Verhaltensweisen. Um sozial kompetent zu sein, benötigt man also stets verschiedene Fähigkeiten, wie Teamfähigkeit, Kommunikationsfähigkeit, Hilfsbereitschaft, Empathie, Respekt, Toleranz oder Kooperation. Diese dienen in sozialen Situationen dazu, entsprechend den Zielen und Bedürfnissen aller beteiligten Personen effektiv zu handeln. Dabei werden die allgemeingültigen gesellschaftlichen, sozialen Regeln eingehalten, wie etwa, sein Gegenüber nicht anzuschreien oder zu schlagen. Die Beziehungen zu den anderen sollen stets positiv bestehen bleiben. Die Herausforderung liegt zumeist darin, die Bedürfnisse der anderen zu berücksichtigen und dabei auch die eigenen Bedürfnisse und Ziele weiterhin zu verfolgen.

Welches Verhalten genau als „sozial kompetent" bewertet wird, ist immer auch von der jeweiligen Kultur, den Erwartungen der Gesellschaft oder Bezugsgruppe abhängig, in der die sozialen Interaktionen stattfinden. In deutschen Familien ist eine Frau sozial kompetent, wenn sie durchsetzungsfähig ist und sich selbst behaupten kann, während diese Kompetenzen in der Öffentlichkeit in einigen anderen Kulturen als nicht sozial kompetent betrachtet werden (vgl. Klauss/Laux/Hertel 2007, S. 23). Letztendlich gibt es keine allgemeingültige, anerkannte Auflistung bestimmter Kompetenzen und Verhaltensweisen, die ein Mensch zeigen sollte, um als sozial kompetent zu gelten. Prinzipiell sind alle Kompetenzen und Verhaltensweisen, die das Sozialverhalten verbessern, soziale Kompetenzen. Dieses sind beispielsweise Kommunikationsfähigkeit, Kooperationsfähigkeit und Hilfsbereitschaft.

Daneben gibt es auch Merkmale, die die Qualität des Sozialverhaltens verbessern, wie etwa ein gutes Selbstwertgefühl, das Gefühl von Selbstwirksamkeit oder ein hohes Maß an Selbstvertrauen.

Kinder mit positiven sozialen Kompetenzen fallen durch eine erfolgreiche Anpassung an ihr jeweiliges soziales Umfeld auf. Sie haben gute Beziehungen zu Gleichaltrigen, aber auch zu Erwachsenen. Des Weiteren sind sie in der Lage, soziale Verhaltensweisen im Umgang mit anderen einzusetzen, z. B. Spielzeuge zu teilen oder abzugeben. Sie sind in Konfliktsituationen in der Lage, ihrem Gegenüber Kompromisse anzubieten und mit ihm schließen zu können. Sie haben die Fähigkeit, in Rollenspielen mit den anderen Kindern zu kooperieren. Sie können sich mit anderen Menschen auseinandersetzen und ihnen zuhören. Sie sind in der Lage, sowohl Kritik anzunehmen als auch andere zu kritisieren. Kinder mit guten sozialen Kompetenzen können sich – der Situation entsprechend – anpassen oder durchsetzen.

WIE ENTWICKELN KINDER SOZIALE KOMPETENZEN?

Von Geburt an ist ein Kind ein soziales Wesen, das in einer familiären Gemeinschaft aufwächst. Permanent wird es mit dem sozialen Verhalten seiner Bezugspersonen konfrontiert. Bereits ein Neugeborenes ist auf einen sozialen Austausch ausgerichtet und bringt damit eine grundlegende Voraussetzung mit. Aktiv wirkt es auf seine Umwelt ein: So zeigt es beispielsweise das sogenannte soziale Lächeln, denn dieses garantiert ihm positive Zuwendung und Versorgung durch einen Erwachsenen.

Ein wichtiger Meilenstein in der sozialen Entwicklung des Kindes vollzieht sich um seinen achten Lebensmonat herum und wird durch das Auftreten des sogenannten Fremdelns deutlich. Das Kind hat eine große Angst, sich von seiner Bezugsperson zu trennen, und fürchtet sich vor unbekannten Menschen. Dieses ist ein Zeichen dafür, dass es zwischen vertrauten und unvertrauten Menschen unterscheiden kann.

Im zweiten und dritten Lebensjahr des Kindes entdeckt das Kind sein Ich bzw. es weiß, dass andere Menschen andere Gedanken, Wünsche, Empfindungen haben können als es selbst. Es liegt auf der Hand, dass ein Kind nur im Zusammenhang mit anderen Menschen ein Sozialverhalten entwickeln kann. Bis zum dritten Lebensjahr spielen Kinder dabei aber noch eher ungeplant zufällig miteinander und meistens nebeneinander her. Etwa ab dem dritten Lebensjahr sind sie in ihrer sozialen Entwicklung so weit, mit anderen Kindern gemeinsam und aufeinander bezogen spielen zu können. Dieses geht in der Regel mit der Anfangszeit im Kindergarten einher. Im Kindergartenalter steht die Veränderung von Beziehungen im Vordergrund. Mit dem

Eintritt in den Kindergarten löst sich das Kind mehr und mehr von Mutter und Vater und erweitert seinen sozialen Erfahrungsraum. Das Kind lernt bisher unbekannte soziale Systeme und neue (Kindergarten-)Regeln kennen. Innerhalb dieser Regeln müssen die Kinder sich angemessen zurechtfinden und interagieren lernen. Sie knüpfen neue Beziehungen zu Kindern und pädagogischen Fachkräften. Sie schauen sich die Regeln und Rituale der Gruppe von den anderen Kindern ab und versuchen, sich (meistens) anzupassen. In sozialen Spielsituationen sind die Kinder dazu aufgefordert, Spielregeln auszuhandeln und miteinander zu kooperieren.

Im Vorschulalter werden Kinder zunehmend empathisch, das bedeutet, dass sie in der Lage sind, sich mehr und mehr in andere Menschen einzufühlen und die Perspektive eines anderen einnehmen können. Für die Entwicklung des Sozialverhaltens ist diese Fähigkeit ein bedeutender Schritt. Im Kindergartenalter ändert sich auch die Qualität von Freundschaftsbeziehungen. Als Freund oder Freundin wird nicht mehr das Kind bezeichnet, mit dem das Kind gerade spielt, sondern ein Freund oder Freundin ist ein Kind, das das Kind über einen längeren Zeitraum wirklich sehr gern mag und mit dem es gern Zeit verbringt.

Mit etwa sechs Jahren wird ein Kind als schulreif bezeichnet und eingeschult. Das Kind entwickelt mehr und mehr stabile, freundschaftliche Beziehungen, die über das gemeinsame Spiel hinausgehen. Das Eingehen von Freundschaften steht sehr im Vordergrund und Kinder mit einem hohen Maß an Sozialkompetenz haben es leichter, Freundschaften zu schließen. Vielfach lehnen Mädchen „offiziell" die Jungen ab und umgekehrt. Mädchen und Jungen bilden oftmals geschlechtergetrennte Freundschaftscliquen, die sich jedoch auch mischen können. Die Kinder lernen lesen, schreiben, rechnen und sind zunehmend in der Lage, komplexer, flexibler und organisierter zu denken. Das Grundschulalter ist ebenso geprägt von sozialer Kooperation. So spielen und arbeiten Kinder gerne mit anderen zusammen. Neben der sozialen Kooperation bilden die Kinder auch ein Unabhängigkeitsgefühl aus. Grundschulkinder sind in der Regel sehr daran interessiert, kooperative Bildungs- und Spielangebote in Gruppen wahrzunehmen (vgl. GARTINGER/JANSSEN (Hrsg.) 2014, S. 99). Ein wesentliches Merkmal der Grundschulzeit ist der Vergleich unter Freundinnen und Freunden, beispielsweise in schulischen Leistungstests. „Wer ist die Schnellste?" „Wer springt am höchsten?", fragen sich die Kinder und wetteifern gerne. Schneidet ein Kind dabei gut ab, trägt dies zu einem hohen Maß an Selbstvertrauen bei. Erbringt ein Kind weniger gute Leistungen als die Gleichaltrigen, entwickelt es schwerer Vertrauen in seine eigenen Fähigkeiten. Wetteifern geht stets mit Konkurrenz einher. Neben dem „Gegeneinander antreten" spielen die Kinder jedoch auch gerne miteinander.

Ein Kind im Grundschulalter hat in der Regel ein stabiles Bild von sich und differenziert es zunehmend aus. So kann es beispielsweise sagen, welchen Eindruck es selbst von seinem Erscheinungsbild hat, ob es sich „als Mädchen" oder „als Junge" fühlt, was es besonders gut kann und ob andere Kinder es mögen oder nicht. Besonders wichtig für den Aufbau des positiven Selbstwertgefühls eines Kindes ist, dass es von seinen Bezugspersonen und anderen Menschen wertschätzend und akzeptierend behandelt wird. Ein Kind im Grundschulalter lernt mehr und mehr, die eigenen Gefühle zu regulieren und die Gefühle der anderen realistisch einzuschätzen. Durch den Vergleich mit anderen Kindern verändert sich das Selbstbild des Kindes entsprechend. Manchmal kommt es zu Gefühlsschwankungen, beispielsweise wenn ein Kind nicht das schafft, was es möchte, und im Vergleich zu den Freunden und Freundinnen leistungsschwächer dasteht. Solche Erlebnisse drücken auf das Selbstwertgefühl und das Kind ist aufgefordert, diese negativen Gefühle zu regulieren (vgl. BÖCHER (Hrsg.) 2010 S. 211 ff.).

WORAUF SOLLTEN SIE BEI DER GEZIELTEN BEOBACHTUNG DES SOZIALVERHALTENS DER KINDER ACHTEN?

Um die Entwicklung sozialer Kompetenzen einschätzen zu können, sollten die Lehrkräfte Kinder gezielt über einen längeren Zeitraum in verschiedensten sozialen Situationen beobachten. Auf folgende Punkte sollten sich die Beobachtungen besonders richten:

Der Blick auf das bevorzugte Spielverhalten des Kindes:

→ Welche Lieblingsspiele hat das Kind (in der Betreuungszeit, in der Pause ...)?

→ Was spielt das Kind gern alleine?

→ Was spielt das Kind gern mit anderen Kindern gemeinsam?

→ Kann das Kind über einen längeren Zeitraum konzentriert spielen oder wechselt es oft zwischen Aktivitäten hin und her?

Der Blick auf die Interaktion des Kindes:

→ Mit welchem Kind und welchen Kindern spielt das Kind besonders oft?

→ Ist das Kind in der Lage, sich auf Ideen und Wünsche der anderen Kinder im Spiel einzulassen und zu kooperieren?

→ Nimmt das Kind wahr, wenn ein anderes Kind Hilfe benötigt, und hilft es ihm auch?

→ Äußert das Kind seine Gefühle, Wünsche, Ideen und Bedürfnisse gegenüber den anderen Kindern?

→ Ist das Kind in der Lage, eigene Bedürfnisse zeitweise zurückzustellen?

→ Beobachtet das Kind die anderen Kinder beim Spielen, ohne sich aktiv zu beteiligen?

→ Wie reagiert das Kind in Konfliktsituationen? Versucht es, den Konflikt konstruktiv zu lösen? Versucht es, dem Konflikt aus dem Weg zu gehen? Holt es sich Hilfe von Erwachsenen?

Der Blick auf die Position des Kindes in der Klasse:

→ Welche Rolle nimmt das Kind in der Klasse ein (wie etwa die des Anführers oder der Anführerin, die der Mitläuferin oder des Mitläufers)?

→ Welche Eigenschaften, Fähigkeiten oder Tätigkeiten heben das Kind von den anderen Kindern der Klasse ab? Wie bringt das Kind diese in das soziale Geschehen der Klasse ein?

→ Zeigt sich das Kind mit seiner Individualität deutlich in der Klasse oder „versteckt" es sich möglichst in der Masse der Schüler*innen?

→ Wird das Kind häufig als Spielpartner*in gewählt?

→ Trifft sich das Kind mit anderen Kindern am Nachmittag oder an Wochenenden?

→ Wird das Kind zu Geburtstagsfeiern von Mitschüler*innen eingeladen?

WELCHE SOZIALEN KOMPETENZEN KÖNNEN IN BEWEGUNGSANGEBOTEN BESONDERS IM VORDERGRUND STEHEN?

Von den vielen sozialen Kompetenzen, die ein positives Sozialverhalten ausmachen, sind insbesondere folgende in gemeinsamen Bewegungssituationen von Kindern von Bedeutung.

Kooperationsfähigkeit

Kooperieren ist das zweckgerichtete Zusammenwirken und Handeln von zwei oder mehreren Menschen. Es gibt also ein gemeinsames Ziel, welches erreicht werden soll. Dafür müssen die eigenen Handlungen mit denen der anderen abgestimmt werden. Dieser Fähigkeit zur Kooperation liegen andere grundlegende Kompetenzen zu Grunde: Um Handlungen abzustimmen und aufeinander zu beziehen, muss ein Mensch beispielsweise andere unterstützen können, Hilfe annehmen können, Kompromisse schließen können, die eigenen Bedürfnisse adäquat äußern können oder auch in der Lage sein, Rücksicht auf andere zu nehmen.

Konfliktfähigkeit

Wenn Menschen miteinander etwas tun und kooperieren, läuft das nicht immer konfliktfrei ab. Ein Konflikt entsteht immer dann, wenn zwei Menschen unterschiedliche Interessen und Bedürfnisse haben, die nicht zusammenpassen. Diese Konflikte können gelöst werden – wenn man über ein gewisses Maß an Konfliktfähigkeit verfügt. Da eine körperliche Auseinandersetzung, wie sie sehr kleine Kinder oft praktizieren, den Konflikt nicht löst, sollten Kinder schon im Kindergarten Konfliktlösestrategien kennenlernen und einüben. Im Leben gibt es aber ebenso immer wieder Konflikte, die ausgehalten werden müssen. Die dafür benötigte Frustrationstoleranz, die eigenen Bedürfnisse und Interessen zu Gunsten anderer aufschieben zu können, ist eine wichtige Grundlage der Sozialkompetenz. Um Konflikte selbstständig bewusst bearbeiten und lösen zu können, benötigen Kinder die Fähigkeit zur Empathie, welche sich ab ca. zwei Jahren entwickelt. Sie müssen in der Lage sein, sich in die Lage anderer zu versetzen und deren Gefühle, Bedürfnisse, Interessen und Wünsche wahrnehmen zu können. Nur so kann ein Kind das Verhalten des anderen verstehen und eine Lösung des Konfliktes entwickeln.

Verantwortungs- und Hilfsbereitschaft

Verantwortung zu übernehmen meint die Verpflichtung, dafür Sorge zu tragen, dass in einer bestimmten Situation, wie etwa einem gemeinsamen Spiel, das Richtige getan wird, damit das Ziel erreicht wird (z. B. das Spiel gelingt). Hilfsbereitschaft meint in diesem Zusammenhang, eine Situation oder andere Menschen direkt so zu unterstützen, dass keine Gegenleistung dafür erwartet wird (z. B. „Ich helfe dir, auf den Kasten zu klettern, indem ich dir die Hand reiche. Du musst dich nicht revanchieren, denn es geht darum, dass wir alle auf dem Kasten sind, um gemeinsam Piratenschiff zu spielen.“)

Kommunikationsfähigkeit

Die Fähigkeit, mit anderen kommunizieren zu können, umfasst die Kompetenz, den anderen Menschen wahrzunehmen, eine Beziehung aufnehmen zu können und in einen angemessenen Kontakt mit nahen und distanzierten Anteilen treten zu können. In einer zufriedenstellenden Kommunikation müssen die Bedürfnisse des anderen bemerkt, verstanden und berücksichtigt werden. Zur Kommunikationsfähigkeit zählen auch die verbale Sprache und die Körpersprache, die adäquat geäußert und aufgenommen werden muss.

Anpassungsfähigkeit

Sich anzupassen bedeutet, mit seinen eigenen Bedürfnissen und Interessen flexibel umgehen und diese ggf. auch zurückstellen zu können. Ein gemeinsames Bewegungsspiel setzt Regeln voraus. Die Kinder müssen lernen, die Regeln zu verstehen und sich auch an diese anzupassen, denn sonst kann das Spiel nicht durchgeführt werden.

Bewegungsspiele zur Förderung der Sozialkompetenz gehören nicht nur in den Sportunterricht

Soziale Kompetenzen sind nicht angeboren. Ein Kind lernt nach und nach, wie es sich in bestimmten Situationen und Kontexten mit Menschen zu verhalten hat. Soziale Kompetenzen können nicht nachhaltig durch Anweisungen oder Belehrungen durch andere vermittelt werden. Kinder erwerben soziale Kompetenzen vor allem durch soziale Erfahrungen in Interaktion mit ihren ausgewählten Spielpartner*innen oder der gesamten Klasse. Ob in der Sportstunde, auf dem Pausenhof, auf dem Schulweg oder im Sachkundeunterricht – die Schule ist ein Erfahrungsraum, in dem es vor sozialen Interaktionen und Kommunikation nur so wimmelt. Lehrkräfte sollten dieses nutzen und darauf achten, dass alle Kinder positive soziale Alltagserfahrungen machen können und entsprechende Situationen und Angebote vorfinden.

Eine gezielte Förderung der Sozialkompetenz durch Bewegung sollte sich daher nicht nur auf den Sportunterricht beschränken. Kinder haben ein starkes Bewegungsbedürfnis, welches in der Schule oft zu kurz kommt. Bewegungsspiele, in denen Sozialkompetenz gefordert ist, können als Bewegungssequenzen in jeden Unterricht eingebaut werden. Dafür benötigt man nicht unbedingt eine Turnhalle. Es ist möglich, schnell die Tische und Stühle im Klassenraum zur Seite zu räumen, um Platz für ein Bewegungsspiel zu schaffen. Schon das Räumen ist dabei eine kooperative Aufgabe für die Kinder. Manche Schulen haben eine Pausenhalle oder einen größeren Eingangsbereich, der zur Bewegung genutzt werden kann. In der Regel bietet ein Schulhof den meisten Platz. Auch wenn es manchmal ein Mehraufwand ist, Bewegungsspiele in Schulräumen zu ermöglichen – es lohnt sich, denn Kinder mit einem hohen Maß an Sozialkompetenz haben es leichter in der Schule. Das kooperative Verhalten wirkt sich positiv auf den Aufbau von Freundschaften aus. Positive soziale Beziehungen in der Schule sind eine wertvolle Ressource hinsichtlich des Wohlbefindens und der Gesundheit von Kindern. Studien belegen, dass sich gute soziale Faktoren positiv auf den Schulerfolg des Kindes auswirken (vgl. Universität Kassel, o. J.).

„ANNE IST DIE LANGSAMSTE IN DER KLASSE!" – LEISTUNGSVERGLEICHE UNTER KINDERN

Grundschulkinder vergleichen sich gerne untereinander. Sie wissen genau, wer die Langsamste in der Klasse ist, wer am höchsten springen kann und wer die meisten Sticker im Tauschalbum hat. Das erzeugt Leistungs- und Konkurrenzdruck. In der Schule sollte deshalb der Fokus auf kooperatives Verhalten bzw. den Erwerb von Sozialkompetenz gelegt werden. Ansonsten werden die motorisch ungeschickteren oder leistungsschwächeren Kinder sowie Kinder, die in irgendeiner Art und Weise aus der sogenannten Norm fallen, resignieren und die Lust am Miteinander, an der Bewegung und am Lernen verlieren. Besonders leistungsstarke Kinder isolieren sich möglicherweise. Spiele zur Förderung der Sozialkompetenz stellen neben den motorischen Fähigkeiten soziale und kognitive Fähigkeiten in den Vordergrund. Bei diesem Fokus kann das im Grundschulalter typische „Sichmessen" abgeschwächt werden. Nur gemeinsam finden die Kinder Lösungen oder gewinnen als Team ein Spiel. Einzelkämpfer*innen kommen nicht zum Ziel. Da Grundschulkinder ein natürliches, starkes Bewegungsbedürfnis haben, motivieren Bewegungsspiele die Kinder möglicherweise mehr als Matheaufgaben am Tisch, Aufgaben im Team zu lösen.

SOZIALE BEZIEHUNGSSTRUKTUREN IN DER SCHULKLASSE

In jeder Schulklasse entwickeln sich soziale Beziehungsstrukturen. Es entstehen enge Freundschaften zwischen Kindern, kleine Cliquen, Kinder, die Anführer*innen sind, und auch Kinder, die zu den Außenseiter*innen zählen. Das motorische Leistungsvermögen setzt unter anderem die soziale Rangordnung in einer Klasse fest. Die sportlichsten Kinder sind oft weit oben im Ansehen der anderen, während motorisch schwächere Kinder eher selten zu den Anführer*innen der Kindergruppe gemacht werden. Auch unausgesprochen weiß jedes Kind, welchen Platz es auf der Rankingskala in der sozialen Klassenhierarchie einnimmt.

Die Kinder der Klasse beziehen sich beim Vergleichen auf die Norm, die in der Klasse vorherrscht. Sie setzen sich zu ihr in Beziehung. Weicht ein Kind von der Norm ab, wird dieses festgestellt und damit auch ein Platz in der Gruppenstruktur festgelegt. So wird beispielsweise der Junge mit den sehr langen Haaren und dem lila glitzernden Schulrucksack, die Schülerin mit einer motorischen Einschränkung, das dunkelhäutige Kind, welches erst seit kurzem in Deutschland ist, oder der adipöse Junge, der stets zu kurze T-Shirts trägt, einen besonderen Platz einnehmen.

Im Grundschulalter spielen und lernen die Kinder oft geschlechtergetrennt. Zudem tun Mädchen und Jungen so, als würden sie das andere Geschlecht ablehnen. (Diese Abwertung wertet ihr eigenes Geschlecht auf und dient dazu, sich besser als Junge oder Mädchen wahrzunehmen.) Die geschlechtergemischten Kontakte finden nach von den Kindern selbst definierten Regeln statt. So spielen sie in der Schulpause beispielsweise gemeinsam „Mädchen fangen die Jungen" (vgl. Böcher [Hrsg.] 2010, S. 215). Mit zunehmendem Alter lockert sich die Geschlechtertrennung.

DIE WICHTIGSTEN SICHERHEITSHINWEISE BEIM AUF- UND ABBAU DER BEWEGUNGSLANDSCHAFT MIT KINDERN

Nicht nur aus zeitlichen Gründen ist es sinnvoll, dass die Kinder beim Auf- und Abbau der Geräte beteiligt werden. Schon dabei finden soziale Prozesse statt, denn der Aufbau kann nur gemeinsam stattfinden. Das Auf- und Abbauen von Geräten sollte ein fester Bestandteil des Bewegungsangebotes sein und zeitlich auch so mit eingeplant werden.

Dabei sollten einige wichtige Regeln besprochen und eingehalten werden, damit keine Unfälle und kein Chaos entsteht:

→ Die Geräte und Materialien haben einen festen, sicheren Platz, an dem sie verstaut werden. Diese Anordnung sollte von der pädagogischen Fachkraft und den Kindern konsequent eingehalten werden.

→ Die Kinder halten sich beim Auf- und Abbau genau an die Anweisungen der pädagogischen Fachkraft (z. B. „6 Kinder tragen eine Matte!", „6 Kinder schieben eine Weichbodenmatte auf der rutschigen Seite zum gewünschten Ort!", „6 Kinder tragen eine Bank! Dabei stehen immer drei Kinder an jeder Seite der Bank." oder „Jedes Kind trägt einen Ball!")

→ Während des Auf- und Abbaus darf kein Kind spielen.

→ Beim Auf- und Abbau darf kein Kind auf einem Gerät sein (z. B. auf einer Weichbodenmatte). Sie dürfen auch nicht auf fahrbaren Geräten mitfahren (z. B. auf einem Mattenwagen oder einem Rollbrett).

→ Die Bewegungslandschaft sollte erst zum Spielen freigegeben werden, wenn jeder Aufbau von der pädagogischen Fachkraft auf Belastbarkeit und Stabilität überprüft wurde.

→ Geräte oder Materialien, die nicht mehr gebraucht werden, sollten aus dem Weg geräumt werden. *(Vgl. Hubrig, 2014, S. 165)*

„AB NACH DRAUSSEN!" – GEMEINSAME BEWEGUNG IN DER NATUR

Die vielfältigsten Bewegungsmöglichkeiten finden Kinder in der Natur. Auf Bäume klettern, den Hügel hinabkullern, über Bäche springen, über die Wiese rennen, sich in den Sand fallen lassen – die Bewegungs- und Spielerfahrungen, die Kinder miteinander in der Natur machen können, sind vielfältig. Anders als in einem Bewegungsraum oder einer Turnhalle werden beim Spielen in der Natur stets alle Sinne angeregt: So kann der Untergrund mal weich oder hart sein, das Gras duftet oder die Luft riecht nach Regen, die Vögel zwitschern, der nasse Sand fühlt sich kalt an und beim Laufen über hügeligen Untergrund muss der Körper sich immer wieder schnell koordinieren. Dazu ist es in der freien Natur oftmals viel spannender als in der Halle, denn es gibt stets etwas zu entdecken: Was für ein hübsch geformter Stein dort liegt! Was für ein hervorragender Maulwurfshügel zum Darüberspringen! Und dort wachsen perfekte

Blätter für meine Gemüsesuppe. Je nach Entdeckung kann das gemeinsame Spiel in eine neue Richtung gelenkt werden. Die verschiedenen Jahreszeiten bringen ganz von allein neue Materialien zum Spielen hervor, wie etwa Kastanien und bunte Blätter im Herbst, Gänseblümchen im Sommer, blattlose Äste und rutschige Stellen im Winter. Auch das Wetter trägt seinen Teil zur Vielfalt bei. Die Kinder rennen gemeinsam durch Regenpfützen, entdecken ihren Schatten, wenn die Sommersonne scheint, fahren auf Dreirädern gegen den Wind an etc.

OB IN DER HALLE ODER IN DER NATUR – ES GEHT UM DAS MITEINANDERSPIELEN UND NICHT UM EIN GEGENEINANDER

Um soziale Kompetenzen in der Kindergruppe zu fördern, sollten die gemeinsamen Spiele nicht von Wettbewerb und Konkurrenz geprägt sein. Dieser Aspekt wird allzu oft von Erwachsenen zum Zweck der Motivation eingebracht. Mit der Frage: „Wer ist am Schnellsten an dem Zaun dort hinten?" sollen die Kinder angestachelt werden, möglichst schnell zu rennen. Die Frage „Wer traut sich auf den Baum zu klettern?" soll die Kinder dazu bringen, auf einen Baum zu klettern. Bei Bewegungsspielen sollte es in der Schule nicht um Rivalität und Konkurrenz, sondern um Kooperation, gehen. Das Miteinander ist insbesondere im Grundschulalter viel freudvoller als ein Gegeneinander. In der Regel rennen Kinder lieber miteinander gemeinsam lachend über eine Wiese, als einen Wettkampf zu starten, bei dem jedes Kind für sich ist und ein Kind als Verlierer/in aus dem Erlebnis hervorgeht. Auch ist es interessanter herauszufinden, wie jedes Kind auf den Baum klettern kann. Die Kinder können sich mit der „Räuberleiter" helfen oder eine Kiste als Aufstiegshilfe holen, die von den anderen Kindern festgehalten wird.

ANGELEITETE BEWEGUNGSSPIELE

BEI DER GRUPPENEINTEILUNG GEHT ES LOS ...

Bei vielen Bewegungsspielen müssen die Kinder in Mannschaften eingeteilt werden. Dieses sollte den Kindern niemals selbstständig überlassen werden. Denn bei diesem sogenannten Wählen bleiben meistens dieselben Kinder immer wieder entmutigt übrig, die als Letzte gewählt werden. Auch wenn die Lehrkraft die Kinder auswählend einteilt, wird jedem Kind deutlich, welche Position es in der Klasse einnimmt. So kriegen manche Kinder ihre motorische Leistungsschwäche stets neu bescheinigt. Das hat negative Konsequenzen für ihr Selbstbild, die nur mit Mühe aufgearbeitet werden können. Um dieses zu verhindern, sollte die Gruppeneinteilung per Zufall – beispielsweise durch Abzählreime – erfolgen:

„Mein Finger macht die Runde ..."

Die Schüler*innen stehen im Kreis. Die Lehrkraft steht in der Mitte. Sie dreht sich im Kreis und streckt ihren Zeigefinger dabei aus. Dazu sagt sie folgenden Vers. Das Kind, auf welches sie danach zeigt, darf in die vorher angesagte Mannschaft.

„Mein Finger macht die Runde,
in dieser schönen Stunde.
Und bleibt mein Finger stehn,
darfst du in diese Mannschaft gehn."

„... und du bist dran!"

Eine andere Möglichkeit ist, direkt mit einem bekannten Abzählreim abzuzählen. Die Kinder, die „weg" oder „dran" sind, stellen sich immer abwechselnd rechts und links neben der Lehrkraft auf, sodass zwei gleich große Gruppen entstehen.

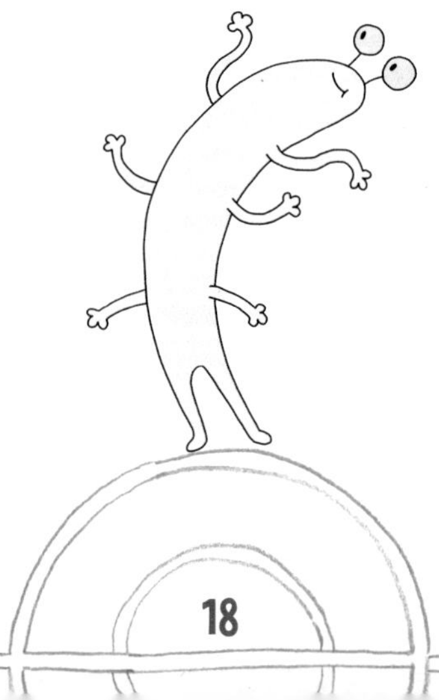

Gruppeneinteilung nach äußeren Merkmalen

Eine Gruppeneinteilung ist auch nach äußeren Merkmalen möglich. Um gleichstarke Gruppen zu erhalten, muss die Lehrkraft die Merkmale der Kinder vorher genau wahrnehmen. Die Gruppen können nach Haarfarben, Farbe der Hosen, Haarschmuck oder kein Haarschmuck, nach Jahreszeiten, in denen die Kinder Geburtstag haben, etc. eingeteilt werden. Beispiele:

→ „Alle Kinder mit hellen Hosen in Gruppe 1 und mit dunkeln Hosen in Gruppe 2."

→ „Alle Kinder, die im Frühling und Sommer Geburtstag haben, in Gruppe 1. Die Kinder, die im Herbst oder Winter Geburtstag haben, in Gruppe 2."

→ „Alle Kinder mit keinem Geschwisterkind in Gruppe 1. Alle Kinder mit mindestens einem Geschwisterkind in Gruppe 2."

SPIELE MIT DEM **FÖRDERSCHWERPUNKT KOOPERATIONSFÄHIGKEIT**

*Auf den nachfolgenden Seiten werden Spiele beschrieben, bei denen es vor allem darum geht, Handlungen aufeinander abzustimmen. Die Schüler*innen können erfahren, dass sie ihre Aktivitäten aufeinander beziehen müssen, um ein gemeinsames Ziel erreichen zu können.*

FANGEN MIT BEFREIUNGSTUNNEL

Anzahl der Mitspielenden: ab 6 Kinder

So geht es:

Ein Kind wird zum Fänger oder zur Fängerin ernannt. Auf das Startzeichen der Lehrkraft, laufen alle Kinder in der Halle umher. Der Fänger oder die Fängerin hat die Aufgabe, ein Kind zu ticken. Wurde ein Kind erwischt, so ist es gefangen. Es muss stehen bleiben und sich in einer breiten Grätsche aufstellen. Diese Grätsche ist der Befreiungstunnel. Jedes andere Kind kann es nun befreien, in dem es durch die Grätsche des Kindes krabbelt. Dann darf das befreite Kind weiterlaufen. Wenn den Kindern die Spielfreude oder die Puste bei diesem intensiven Laufspiel ausgeht, wird es beendet.

ICH MAG DICH UND DU BIST FREI!

Anzahl der Mitspielenden: ab 6 Kinder

So geht es:

Ein Kind wird zum Fänger oder zur Fängerin ernannt. Auf das Startzeichen der Lehrkraft, laufen alle Kinder in der Halle umher. Der Fänger oder die Fängerin hat die Aufgabe, ein Kind zu ticken. Wurde ein Kind erwischt, so ist es gefangen. Es muss stehen bleiben. Wenn ein anderes Kind es in den Arm nimmt, ist es frei und darf weiterlaufen. Wenn den Kindern die Spielfreude oder die Puste bei diesem intensiven Laufspiel ausgeht, wird es beendet.

Variation:

Um das getickte Kind zu befreien, muss es von zwei Kindern gleichzeitig umarmt werden.

PUSTEBALL

Anzahl der Mitspielenden: ab 5-8 Kinder

Das brauchen Sie: Matte, Tischtennisball, farbiges Klebeband

Vorbereitung: Die Matte wird an eine Seite der Turnhalle gelegt und an der gegenüberliegenden Seite wird eine Markierungslinie mit Klebeband auf den Boden geklebt.

So geht es:

Ein Kind legt sich bäuchlings auf die Matte. Die anderen Kinder verteilen sich um die Matte. Der Tischtennisball wird vor die Matte gelegt. Das liegende Kind ist das „Pustekind". Es hat die Aufgabe, den Tischtennisball über die Markierungslinie zu pusten. Die anderen Kinder ziehen dabei die Matte in die richtigen Positionen, sodass das „Pustekind" die beste Ausgangslage zum Pusten hat. Während des gesamten Spieles darf der Ball von keinem Kind berührt werden. Ist der Ball über die Markierungslinie gerollt, ist das Spiel zu Ende und alle Kinder haben gewonnen!

Variation:

Es spielen zwei Teams von 5–8 Kindern gegeneinander. Welcher Ball rollt zuerst über die Markierungslinie?

GEMEINSAM GEGEN DIE ZEIT

Anzahl der Mitspielenden: ab 3 Kinder

Das brauchen Sie: mehrere laut tickende Wecker/Eieruhren

Vorbereitung: Eine Bewegungslandschaft mit den vorhandenen Großgeräten (oder Möbeln) wird aufgebaut.

So geht es:

Die Lehrkraft versteckt mehrere Wecker in der Bewegungslandschaft und stellt das Klingelzeichen auf fünf Minuten ein. Die Kinder haben nun die Aufgabe, alle Wecker zu finden – bevor sie klingeln. Es beginnt ein Wettlauf gegen die Zeit. Die Kinder klettern, schleichen, krabbeln und kriechen durch die Bewegungslandschaft und lauschen auf das Ticken der Wecker. Hat ein Kind einen entdeckt, wird er schnell ausgeschaltet. Klingelt nach fünf Minuten kein Wecker, hat die Gruppe gewonnen.

MAGNETISCHES KIND

Anzahl der Mitspielenden: ab 6 Kinder

Das brauchen Sie: Musik

So geht es:

Die Musik ertönt und alle Schüler*innen bewegen sich frei im Raum. Bei Musikstopp ruft die Lehrkraft ein Kind auf, das „magnetisch" ist – z. B.: „Tom ist magnetisch!" In diesem Moment werden alle anderen Kinder magnetisch von Tom angezogen. Sie laufen zu ihm und berühren ihn. Haben alle Kinder Körperkontakt zu Tom hergestellt, wird die Musik weitergespielt und alle Kinder bewegen sich wieder frei im Raum. Beim nächsten Musikstopp wird ein neues Kind bestimmt, was magnetisch ist.

Variation:

Es werden bestimmte Körperteile genannt, die magnetisch sind. Zum Beispiel: „Die Arme von Tom sind magnetisch!“ oder „Die Füße von Tom sind magnetisch!“ So wird die magnetische Fläche kleiner und die Kinder müssen mehr kooperieren, damit jedes Kind die Aufgabe erfüllen kann.

DER GEMEINSAME KNOTEN

Anzahl der Mitspielenden: ab 5 Kindern

So geht es:

Die Schüler*innen stellen sich in einem engen Kreis auf. Sie strecken ihre Arme zur Kreismitte aus. Nun sucht sich jedes Kind mit jeder Hand eine andere Hand und hält diese fest. Es sollte möglichst vermieden werden, zwei Hände desselben Kindes zu fassen. Hat jede Hand eine andere Hand gefasst, ist der Knoten fertig. Alle Kinder haben nun die Aufgabe, diesen Knoten gemeinsam aufzulösen. Dabei dürfen die Hände nicht losgelassen werden! Es beginnen also gemeinsame Versuche, den Knoten zu lösen. Die Kinder steigen über oder ducken sich unter die Arme hindurch. Nach und nach löst sich der Knoten. Es ist möglich, dass sich der ganze Knoten löst und am Ende die Kinder in einem großen Kreis in einer Handfassung stehen. Es kommt aber auch vor, dass mehrere Kreise übrigbleiben. Diese können auch ineinander verschlungen sein.

GRUPPENPUZZLE

Anzahl der Mitspielenden: ab 3 Kinder

Das brauchen Sie: ein altersangemessenes Puzzle, farbiges Klebeband

Vorbereitung: Die Puzzleteile werden an unterschiedlichsten Orten in der Turnhalle platziert. Hierbei sind verschiedene motorische Herausforderungen eingebaut, um an die Puzzleteile zu gelangen. Beispielsweise wird ein Puzzleteil an die oberste Sprosse der Sprossenwand geklebt oder ein Teil wird an das Ende eines Kriechtunnels gelegt.

So geht es:

Auf ein Startzeichen hin suchen und finden die Kinder die Puzzleteile und sammeln sie in der Mitte der Halle. Anschließend haben sie die Aufgabe, das Puzzle daraus zu legen.

KOOPERATIVE PUZZLESTAFFEL

Anzahl der Mitspielenden: ab 6 Kinder

Das brauchen Sie: zwei Puzzles mit maximal 15 Teilen, zwei kleine Kästen, farbiges Klebeband

Vorbereitung: Die Puzzleteile liegen in je einem Kasten auf der einen Seite der Halle. Gegenüber auf der anderen Seite der Halle wird eine Startlinie auf dem Boden mit Klebeband markiert.

So geht es:

Die Kinder werden in zwei gleich große Gruppen eingeteilt. Die Gruppen stellen sich nebeneinander hinter der Startlinie auf. Jede Gruppe bekommt einen Kasten zugewiesen. Die Kinder haben nun die Aufgabe, nacheinander zu den Puzzleteilen ihres Kastens am anderen Ende der Halle zu rennen, ein Teil zu nehmen und es zur Gruppe zu bringen. Es läuft immer nur ein Kind pro Gruppe. Erst wenn das Kind die Markierungslinie übertreten hat, darf das nächste Kind laufen. Während die Puzzleteile geholt werden, hat der Rest der Gruppe die Aufgabe, die schon angekommenen Teile des Puzzles richtig zusammenzulegen. Hat eine Gruppe ihr Puzzle beendet, ist das die Siegergruppe, die der anderen Gruppe beim Puzzeln helfen kann. Das Spiel ist zu Ende, wenn beide Puzzles fertig sind.

POLARFORSCHER*INNEN BEREITEN SICH VOR

Anzahl der Mitspielenden: ab 6 Kinder

Das brauchen Sie: einen geheizten Raum, eine Uhr

So geht es:

Die Kinder werden in zwei gleich große Gruppen eingeteilt. Jede Gruppe wählt einen Polarforscher oder eine Polarforscherin aus. Da es am Polarkreis sehr kalt ist, braucht der Forscher/die Forscherin als Vorbereitung auf die Expedition Kleidung anderer Kinder. Die Kinder dürfen (bis auf ihre Unterwäsche) ihre Kleidung ausziehen, um sie dem Polarforscher/der Polarforscherin anzuziehen. Und zwar auf Zeit! Die Lehrkraft gibt das Startzeichen und die Kinder kleiden sich aus und den Forscher/die Forscherin an. Nach fünf Minuten ruft die Lehrkraft „Stopp!". Dann wird gezählt. Wer hat die meisten Kleidungsstücke am Leib?

ZEH-AN-ZEH-ROLLEN

Anzahl der Mitspielenden: 2 Kinder

So geht es:

Die Kinder ziehen sich Schuhe und Strümpfe aus. Sie legen sich so gegenüber auf den Rücken, dass sich ihre Füße bzw. Zehen berühren. Nun beginnen sie gemeinsam nach rechts oder nach links zu rollen. Dabei gibt es nur eine Regel: An irgendeiner Stelle der Zehen muss es immer einen Kontakt zwischen den Kindern geben.

Variation:

Die Finger berühren sich beim gemeinsamen Rollen.

EIN TRAMPOLIN FÜR UNSER KUSCHELTIER

Anzahl der Mitspielenden: ab 6 Kinder

Das brauchen Sie: Schwungtuch, großes Kuscheltier

So geht es:

Die Kinder versammeln sich um das Tuch und halten es an den Schlaufen oder am Rand fest. Sie lehnen sich alle etwas nach hinten, sodass das Tuch gespannt wird. Das ist das Trampolin. Ein Kuscheltier wird auf das Tuch gelegt. Nun haben die Kinder die Aufgabe, dass Trampolin so zu bewegen, dass das Kuscheltier auf und ab hüpft. Die Kinder können gemeinsam experimentieren und sich absprechen. Das Tuch kann mal mehr und mal weniger stark gespannt sein und das Tier kann leicht zum Hüpfen gebracht, aber auch hoch in die Luft geschleudert werden.

Variation:

Es können auch zwei oder drei Kuscheltiere auf dem Schwungtuchtrampolin sein.

Hinweis: Da ein Schwungtuch ein Loch in der Mitte hat, sollten die Kuscheltiere größer als das Loch sein. Ansonsten wird ein anderes kooperatives Spiel daraus: Das Tuch muss so bewegt werden, dass das Tier durch das Loch verschwindet.

DER SCHAUKELWURF

Anzahl der Mitspielenden: 3 Kinder

Das brauchen Sie: Schaukel, Ball, Korb

So geht es:

Die Kinder einigen sich darauf, wer in der ersten Spielrunde welche Rolle übernimmt: ein Kind, welches freihändig auf einer Schaukel schaukeln kann, ein Kind, das ein gutes Reaktionsvermögen hat und den Korb hält, und ein Kind, welches gut leichten Anschwung geben kann. Stehen die Rollen fest, geht es los. Ein Kind setzt sich auf die Schaukel und bekommt einen Ball in die Hand. Ein Kind stellt sich ca. 1,5 Meter entfernt vor der Schaukel auf. Das dritte Kind gibt der Schaukel etwas Anschwung. Nun hat das schaukelnde Kind die Aufgabe, den Ball in den Korb zu werfen. Das Kind mit dem Korb in den Händen hilft mit, indem es den Korb in die richtige Position bringen kann. Springt ein Ball daneben, hat das Kind, das Anschwung gibt, den Ball wieder zu holen und ihn dem schaukelnden Kind zu geben. Die Kinder dürfen mehrmals versuchen, den Ball in den Korb zu werfen. Danach findet ein Rollenwechsel statt.

Hinweis: Anstelle von Bällen können auch Sandsäckchen geworfen werden. Sie sind handlicher und lassen es zu, dass sich das Kind auf der Schaukel noch festhalten kann, wenn es ein Sandsäckchen in den Händen hält. Außerdem bleiben sie beim Werfen an der Stelle liegen, auf der sie am Boden aufkommen. Das erleichtert dem Kind, welches es bei einem Wurf neben den Korb aufhebt, die Arbeit.

DIE AUFGABE LÖSEN WIR GEMEINSAM

Anzahl der Mitspielenden: ab 6 Kinder

Das brauchen Sie: Musik

So geht es:

Die Kinder bewegen sich zur Musik durch die Turnhalle. Stoppt die Musik, stellt die Lehrkraft eine Bewegungsaufgabe, die die Kinder gemeinsam erfüllen. Aufgaben können beispielsweise sein:

→ „Schüttelt so viele Hände, wie ihr könnt!“

→ „Rennt durch die Halle und schreit, so laut es geht.“

→ „Schleicht durch die Halle.“

→ „Stapelt euch alle zu einem Kinderturm.“

→ „Legt schnell alle Hände aufeinander.“

→ „Begrüßt euch mit den Füßen.“

→ „Rennt schnell in die Ecken. Keine Ecke der Halle darf leer bleiben.“

→ „Setzt euch zu dritt aufeinander auf den Schoß, ohne dabei umzukippen.“

AUFGABEN IN KLEINEN GRUPPEN LÖSEN

Anzahl der Mitspielenden: ab 12 Kinder

Das brauchen Sie: Musik

So geht es:

Die Kinder bewegen sich zur Musik durch die Halle. Bei Musikstopp gibt die Lehrkraft eine Kinderanzahl vor und eine Aufgabe, die diese Kinder erfüllen sollen. Aufgaben können beispielsweise sein:

→ „Vier Kinder bilden ein Viereck!"

→ „Zwei Kinder bilden mit ihren Körpern gemeinsam ein Pferd!"

→ „Drei Kinder laufen nebeneinander auf Zehenspitzen durch die Halle!"

→ „Fünf Kinder hüpfen Hand in Hand durch die Halle!"

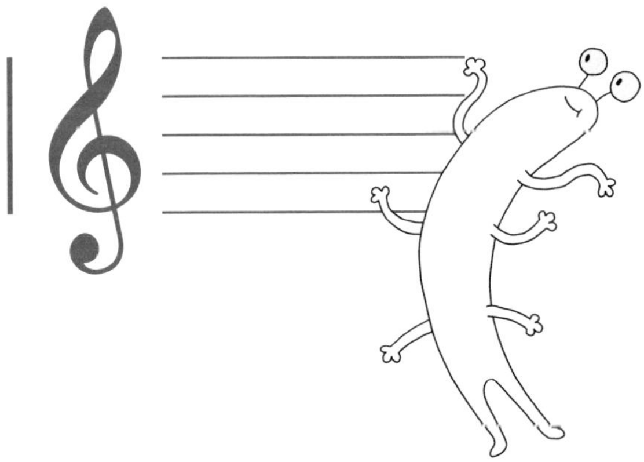

JUWELENTRANSPORT MIT DEN FÜßEN

Anzahl der Mitspielenden: ab 5 Kinder

Das brauchen Sie: „Juwelen“ (z. B. eine Plastikkette oder ein Armband)

So geht es:

Die Kinder sitzen in einem Kreis. Ein Kind bekommt die Juwelen an den Fuß gehängt. Nun übergibt es diese dem Nachbarkind mit den Füßen und das Nachbarkind darf sie ebenfalls nur mit den Füßen entgegennehmen. So werden die wertvollen Juwelen im Kreis herumgereicht. Sie dürfen dabei nicht mit der Hand berührt werden oder auf den Boden fallen.

Variation:

Andere Gegenstände, wie Sandsäckchen, Plastikbecher, Tücher oder ein Kuscheltier, werden mit den Füßen im Kreis herumgereicht.

LEBENDIGES DOMINO

Anzahl der Mitspielenden: ab 10 Kinder

Das brauchen Sie: einen Sack (oder einen großen Korb mit einer Decke darüber), Gegenstände, jeweils zweimal dieselben, z. B. zwei Eimer, zwei Pullover, zwei Reifen, zwei Tücher und zwei Seile

Vorbereitung: Die Gegenstände werden in den Sack gelegt oder in einen Korb mit einer Decke darüber.

So geht es:

Die Kinder spazieren durch die Halle. Kommen sie am großen Sack vorbei, dürfen sie hineingreifen und sich zwei Gegenstände greifen. Dann bewegen sie sich weiter in der Halle, während sie einen der Gegenstände in der linken und den anderen in der rechten Hand haben. Nun müssen sie die Augen offenhalten. Denn so wie beim klassischen Domino sucht jedes Kind ein anderes Kind, welches einen der Gegenstände wie es selbst in der Hand hält. Haben sie jemanden gefunden, stellen sie sich so zu ihm, dass sich die Gegenstände berühren. Sie bleiben stehen. Nach und nach entsteht eine Dominokette. Und wenn die Dominokette fertig ist und alle gleichen Gegenstände sich berühren, darf die Dominokette eine Siegerrunde durch die Halle gehen.

Variation:

Das Spiel kann auch auf dem Schulhof gespielt werden.

HANDTUCHBALL

Anzahl der Mitspielenden: ab 2 Kinder

Das brauchen Sie: rechteckige Handtücher, Bälle (z. B. Wasserbälle oder Gummibälle)

So geht es:

Jeweils zwei Kinder nehmen sich ein rechteckiges Handtuch und halten es fest. Dabei steht jedes Kind an einer kurzen Seite des Handtuches und hält in jeder Hand einen Handtuchzipfel. Die Kinder gehen so weit auseinander, dass das Handtuch zwischen ihnen gespannt ist. Die Lehrkraft legt einen Ball auf die gespannte Handtuchfläche und gibt den Kindern Bewegungsaufgaben, die sie kooperativ lösen müssen. Aufgaben können beispielsweise sein:

→ „Haltet den Ball auf dem Handtuch. Er soll nicht auf den Boden fallen."

→ „Rollt den Ball auf dem Handtuch hin und her."

→ „Bewegt euch zur/zum … (z. B. anderen Ende der Halle, Tür), ohne dass der Ball auf den Boden fällt."

→ „Euer Handtuch ist ein Trampolin und der Ball will darauf hüpfen. Versucht ihn zum Hüpfen zu bringen, ohne dass er vom Trampolin fällt."

→ „Lasst den Ball vom Handtuch auf den Boden fallen, sodass er einmal auf dem Boden hüpft. Fangt ihn mit dem Tuch wieder auf."

Bei großen Gruppen:

→ „Die Bälle wollen sich besuchen. Geht zu einem anderen Kinderpaar und rollt euren Ball auf ihr Handtuch." So werden die Bälle von Handtuch zu Handtuch hin und her getauscht.

→ Alle Kinderpaare stellen sich nebeneinander auf. Ein Ball wird von Handtuch zu Handtuch weitergegeben. Wenn dieses gut klappt, können weitere Bälle ins Spiel gebracht werden.

BETTBEZUGTENNIS

Anzahl der Mitspielenden: ab 12 Kinder

Das brauchen Sie: zwei Bettdeckenbezüge, Wasserball

So geht es:

Die Schüler*innen werden in zwei gleich große Mannschaften eingeteilt. Jedes Team bekommt einen Bettbezug und hält ihn gemeinsam fest, sodass eine gespannte Fläche entsteht. Die Teams stehen nebeneinander. Die Lehrkraft legt auf einen Bettbezug den Wasserball. Die Kinder sollen ihn an den anderen Bettbezug übergeben. So wandert der Ball einige Male hin und her, bis die Kinder sich gut organisiert haben. Nun wird der Abstand der Teams erweitert, sodass sie sich über eine kleine Distanz den Ball hin und her spielen können. Wie viele Ballwechsel sind möglich?

SUPERWURM

Anzahl der Mitspielenden: ab 5 Kinder

So geht es:

Die Kinder verteilen sich in der Turnhalle. Ein Kind ist der „Superwurm". Der Superwurm kann – unüblich für Würmer – prima laufen. Er läuft durch die Halle und versucht die weglaufenden Kinder zu ticken. Hat der Superwurm ein Kind berührt, wird dieses Kind ein Teil des Wurmes: Die Kinder nehmen sich an die Hand und laufen als Superwurm weiter, um andere Kinder zu ticken. So entsteht nach und nach ein langer, laufender Wurm. Das Spiel ist zu Ende, wenn alle Kinder getickt wurden und die gesamte Klasse ein langer Superwurm geworden ist.

Hinweis: Das gemeinsame Laufen in einer Kette muss gut koordiniert werden. Ansonsten stolpern Kinder oder die Kette zerreißt. Hat die Lehrkraft das Gefühl, dass die maximale Anzahl von Kindern einer Kette erreicht ist, so kann sie bestimmen, dass ein zweiter Wurm ins Spiel gebracht wird, indem sich die Kette in zwei Teile teilt. Nun ist das Laufen für die Fänger*innen leichter und für die weglaufenden Kinder schwerer.

TEPPICHWENDEN

Anzahl der Mitspielenden: ab 3 Kinder

Das brauchen Sie: Schwungtuch (alternativ Bettlaken oder Wolldecke)

So geht es:

Das Tuch wird auf den Boden gelegt. Das ist der Teppich. Die Schüler*innen stellen sich auf den Teppich. Die Lehrkraft erzählt folgende Geschichte:

„Ihr seid gerade auf einer ganz feinen Feier. Es ist unheimlich langweilig, denn lauter Erwachsene stehen herum und reden, reden, reden. Und dann passiert es: Ihr habt den Schokoladenpudding in einer kleinen Schüssel in der Hand, passt einen Moment nicht auf und – klatsch – landet der ganze Pudding auf dem Teppich. Das gibt Ärger! Und den könnt ihr gar nicht gebrauchen. Deshalb wollt ihr den Fleck verschwinden lassen, indem ihr den Teppich, auf dem ihr steht, einfach umdreht! Es gibt nur eine Schwierigkeit dabei: Der Boden unter dem Teppich ist sehr kostbar und empfindlich. Ihr dürft ihn auf gar keinen Fall betreten! Und dabei wollt ihr trotzdem den Teppich einmal umdrehen. Probiert aus, wie es klappen kann!“

Variation:

Die Kinder stehen auf dem Tuch. Sie haben die Aufgabe, eine bestimmte Strecke durch das Wenden des Tuches zurückzulegen, ohne dass ein Kind dabei den Boden berührt.

HALTET DEN KORB FREI!

Anzahl der Mitspielenden: ab 6 Kinder

Das brauchen Sie: größerer Korb, viele (leichte) kleine Plastikbälle (z. B. Bälle aus einem Bällebad oder Tischtennisbälle)

Vorbereitung: Die Bälle werden in den Korb gelegt. Der Korb wird in die Mitte der Turnhalle gestellt.

So geht es:

Die Lehrkraft teilt die Klasse in zwei Gruppen ein. Eine Gruppe hat weniger Kinder als die andere (z. B. 4:10) Die kleinere Gruppe verteilt sich um den Korb. Die anderen Kinder verteilen sich in der Halle. Auf das Startzeichen der Lehrkraft haben die Kinder am Korb die Aufgabe, alle Bälle aus dem Korb zu werfen. Die Gruppe in der Halle hat die Aufgabe, alle Bälle schnell wieder in den Korb zu legen oder zu werfen. Das Spiel ist zu Ende, wenn der Korb leer ist.

HALTET DEN GARTEN SAUBER!

Anzahl der Mitspielenden: ab 6 Kinder

Das brauchen Sie: Langbänke als Markierung (alternativ Seile oder Klebeband), Sandsäckchen, Bälle

Vorbereitung: Mit Bänken, Seilen oder Klebeband werden zwei gleich große Spielfelder markiert. Die Sandsäckchen und Bälle werden zu gleichen Teilen in jedem Spielfeld verteilt.

So geht es:

Die Lehrkraft teilt die Klasse in zwei gleich große Gruppen ein. Jede Gruppe stellt sich auf ein Spielfeld. Die Lehrkraft leitet das Spiel ein:

Kinder den Ball über die Markierungslinie hin und her. Stoppt die Musik, bekommt das Kind, welches gerade den Ball hat, einen Punkt ins Gesicht gemalt. Dann geht die Musik wieder an und das Spiel geht weiter. Es ist ein Glücksspiel, denn keiner kann beeinflussen, wann die Musik wieder stoppt. Obwohl es einen Nervenkitzel auslöst und Sommersprossen gesammelt werden wollen, spielen alle miteinander und nicht gegeneinander. Wenn „die Luft raus" ist, wird das Spiel beendet. Welche Gruppe hat insgesamt die meisten Sommersprossen gesammelt?

KLICK-KLACK UND LOS!

Anzahl der Mitspielenden: ab 4 Kinder

Das brauchen Sie: Korb mit vielen Tischtennisbällen

So geht es:

Die Kinder stellen sich mit dem Rücken zur Lehrkraft. Diese kippt den Korb um. Sobald das Aufprallen der Bälle zu hören ist, haben die Kinder die gemeinsame Aufgabe, alle Bälle schnell wieder in den Korb zurückzulegen.

Variation:

Erst wenn die ausgekippten Bälle kein Geräusch mehr machen, dürfen die Kinder sie einsammeln.

SCHUBKARRE

Anzahl der Mitspielenden: ab 2 Kinder

Das brauchen Sie: Matte

So geht es:

Ein Kind legt sich bäuchlings auf die Matte. Es stützt die Hände neben den Schultern auf dem Boden auf und drückt sich mit viel Körperspannung hoch (wie beim Liegestütz). Ein anderes Kind stellt sich hinter das Kind und umfasst mit jeder Hand einen Knöchel des Kindes. Auf das Kommando „Und hoch!" hebt das stehende Kind die Knöchel hoch, sodass das vordere Kind nur noch mit den Händen Kontakt zum Boden hat. Beide Kinder benötigen für diese Übung ein hohes Maß an Körperspannung und Kraft. Möchte ein Kind die Position auflösen, ruft es: „Und ab!" Das hintere Kind setzt die Knöchel vorsichtig zurück auf den Boden, sodass das vordere Kind Füße und Knie abstellen kann.

Variation:

Die Kinder nehmen die Schubkarrenposition ein und haben die Aufgabe, sich vorwärts zu bewegen.

WASSERSTAFFEL

Anzahl der Mitspielenden: ab 5 Kinder

Das brauchen Sie: Becher, Wasser

Vorbereitung: In einen Becher wird etwas Wasser gefüllt. (Siehe Variation: Wird das Spiel mit Wasser gespielt, sollte es in der warmen Jahreszeit auf dem Schulhof durchgeführt werden, da es „Pfützen" geben kann.)

SPIELE MIT DEM **FÖRDERSCHWERPUNKT VERANTWORTUNGS- UND HILFSBEREITSCHAFT**

*Auf den nachfolgenden Seiten werden Spiele beschrieben, bei denen die Schüler*innen Erfahrungen damit machen können, andere Kinder zu unterstützen und Verantwortung für den Spielprozess zu übernehmen. Sie erleben, dass sie dadurch ein gemeinsames Ziel erreichen können. So wird bei der Spielreihe „Kämpfen und Kräfte messen" deutlich, dass jedes Kind Verantwortung für sich und auch für den Partner oder die Partnerin übernehmen muss. Dabei lernen die Kinder auch immer Konfliktlösungsstrategien kennen und diese einzuüben. Die eigenen Bedürfnisse und Interessen zu Gunsten anderer aufschieben zu können, ist eine wichtige Grundlage der Sozialkompetenz und auch um verantwortungs- und hilfsbereit zu agieren.*

IM STRAßENVERKEHR

Anzahl der Mitspielenden: ab 5 Kinder

Das brauchen Sie: Gymnastikreifen, Pylonen, rote, gelbe und grüne Schilder

Vorbereitung: Vorbereitend werden auf dem Boden Straßen „aufgemalt".

So geht es:

Die Schüler*innen bilden Paare. Jedes Paar bekommt einen Gymnastikreifen als „Auto". Die Kinder steigen ein: Sie stellen sich in den Reifen, fassen ihn an und heben ihn auf Hüfthöhe an. Nun heißt es Gas geben, und los geht die Fahrt! Die Kinder bewegen sich gemeinsam durch die Halle. Hier müssen sie gut miteinander kooperieren, damit sie vorankommen. Und dabei muss verantwortungsvoll darauf geachtet werden, dass keine Zusammenstöße mit anderen Autos geschehen.

Für dieses Spiel können die Kinder Spielregeln aushandeln. So können beispielsweise einzelne Kinder „Sperren" oder „Schranken" bauen, vor denen die Autos anhalten müssen. Einzelne Kinder können sich als „Ampel" mit roten, orangefarbenen und grünen Tüchern als „Ampel" platzieren. Sie halten entsprechend der Ampelphase ein Tuch hoch. Auch „Tramper" sind denkbar. Sie werden von einem Reifenauto ein Stück mitgenommen und steigen an einer anderen Stelle wieder aus. Spielideen und Bedürfnisse der Kinder müssen aufeinander abgestimmt werden. Die Regeln können immer wieder gemeinsam verändert werden.

Variation:

Auf einem geeigneten Untergrund gehen die Kinder nicht mit Reifen, sondern fahren mit Rollbrettern durch den selbst gebauten Straßenverkehr. Dabei sollten zusätzliche Regeln von der Lehrkraft eingebracht werden, wie z. B.:

→ Kinder mit langen Haaren sollen diese bitte zum Zopf binden. (Damit sie sich nicht in den Rädern verheddern können.)

→ Auf dem Rollbrett darf nicht gestanden werden. (Es kann passieren, dass ein Kind das Gleichgewicht verliert und das Rollbrett mit hoher Geschwindigkeit rollt und andere verletzen kann.)

Durch die Bereitstellung weiterer Materialien, wie z. B. Seile oder Reifen, können die Kinder weitere Spielideen verwirklichen, wie etwa einen Zug bauen.

SEILSPRINGEN IM TEAM

Anzahl der Mitspielenden: ab 4 Kinder

Das brauchen Sie: langes Seil

So geht es:

Zwei Kinder halten ein Seil. Sie stehen so weit voneinander entfernt, dass das Seil in der Mitte gerade den Boden berührt, wenn die Arme der Kinder neben dem Körper herunterhängen. Im gemeinsamen Rhythmus schwingen sie das Seil. Die anderen Kinder stellen sich an einer Seite des Seils auf. Jeweils zwei Kinder bilden ein Team und fassen sich an den Händen. Nacheinander hat jedes Team die Aufgabe, „durch das Seil" zu laufen, ohne von ihm berührt zu werden. Das Team, das das geschafft hat, läuft in der nächsten Runde zum Seil, springt einmal und läuft wieder heraus. In der nächsten Runde springen sie zweimal usw. Das Spiel ist zu Ende, wenn allen die Puste ausgegangen ist. Die Kinder, die das Seil schwingen, dürfen jederzeit um Ablösung bitten.

Tipp:

Manche Kinder sind geübt im Seilspringen und manchen fehlt diese Erfahrung. Deshalb ist es hilfreich, wenn die Lehrkraft Teams bildet, in denen ein geübtes Kind das ungeübte „mitzieht", sodass jedes Kind ein Erfolgserlebnis hat.

EIN KIND IST VERKEHRT HERUM

Anzahl der Mitspielenden: ab 3 Kinder

So geht es:

Drei Kinder stellen sich nebeneinander auf. Das Kind in der Mitte dreht sich um. Nun greift jedes Kind die Hand des Nachbarkindes. Diese Kette aus drei Kindern geht nun durch den Raum. Zwei Kinder laufen dabei vorwärts und das Kind in der Mitte rückwärts. Die jeweils außen gehenden Kinder sind dafür verantwortlich, dass dem Kind in ihrer Mitte nichts passiert, dass es keine Zusammenstöße mit Dingen oder anderen Kindern gibt oder das Tempo nicht zu schnell ist, sodass das mittlere Kind ins Stolpern geraten könnte.

ZU DRITT DURCH DEN PARCOURS

Anzahl der Mitspielenden: ab 3 Kinder

Das brauchen Sie: Augenbinden, Kreise oder farbiges Klebeband, Kästen, Bänke, Matten u. Ä.

So geht es:

Zur Vorbereitung wird eine Schlangenlinie auf dem Boden markiert. Auf die Linie werden Hindernisse gestellt, wie eine Turnmatte, ein kleiner Kasten, eine Bank, eine Weichbodenmatte usw.

Die Kinder bilden Dreiergruppen. Die drei Kinder stellen sich nebeneinander auf. Das Kind in der Mitte dreht sich um. Es bekommt die Augen verbunden. Die Kinder nehmen einander an die Hand. Diese Kette aus drei Kindern stellt sich am Anfang der Schlangenlinie auf. Sie gehen los und bewältigen den Parcours, indem sie über die Matten und den Kasten gehen und über die Bank balancieren. Die beiden außen gehenden Kinder sind dafür verantwortlich, dass dem Kind in ihrer Mitte kein Unfall widerfährt. Ist eine Kette am Ende der Schlangenlinie angekommen, wird dem Kind die Augenbinde abgenommen und das Spiel kann von vorn beginnen, diesmal mit einem anderen Kind in der Mitte.

AUF DEM REITPLATZ

Anzahl der Mitspielenden: ab 2 Kinder

Das brauchen Sie: Seile

So geht es:

Zwei Kinder spielen zusammen. Ein Kind ist das Pferd und das andere der Reiter oder die Reiterin. Das Pferd legt sich das Seil über den Nacken/die Schultern. Jedes Seilende wird unter dem jeweiligen Arm nach hinten geführt. Der Reiter/die Reiterin nimmt in jede Hand ein Seilende. Dieses Kind darf nun bestimmen, wo es langgeht. Bei „Schritt" geht es los, bei „Trab" trabt das Pferd und bei „Galopp" galoppiert es. Sagt der Reiter/die Reiterin „Ho!" und zieht dabei leicht an beiden Zügeln, bleibt das Pferd stehen. Zieht das reitende Kind links am Zügel, geht das Pferd links herum, und zieht es rechts, läuft das Pferd rechts herum. Das Pferd ist ein braves Pferd. Es passt sich den Kommandos des Reiters/der Reiterin an. Ruft die Lehrkraft allerdings „Die Pferde werden wild!", kehren sich die Rollen um. Nun machen die Pferde, was sie wollen, und die reitenden Kinder laufen mit und passen sich an. Bei beiden Varianten führt zwar ein Kind das Geschehen, jedoch muss dieses bestimmende Kind stets Rücksicht auf den Partner oder die Partnerin nehmen. Ansonsten könnte das Kind stolpern, stürzen oder es tut sich an der Haut weh, wenn zu sehr am Seil gezogen wird. Je mehr Pferde und Reiter*innen auf dem Reitplatz sind, desto mehr müssen sie auch noch die anderen Kinder im Blick haben, damit es keine Zusammenstöße gibt.

EIN AUSFLUG MIT DER KUTSCHE

Anzahl der Mitspielenden: ab 2 Kinder

Das brauchen Sie: Rollbretter, Seile, geeigneter Untergrund

So geht es:

Zwei Kinder bilden ein Team. Ein Kind ist das Kutschpferd und das andere der Kutscher oder die Kutscherin. Das Team bekommt ein Seil und ein Rollbrett. Das Pferd legt sich das Seil um den Bauch, sodass die zwei Enden hinten sind. Der Kutscher oder die Kutscherin sitzt im Schneidersitz auf dem Rollbrett hinter dem Pferd und nimmt in jede Hand ein Seilende. Nun kann die Fahrt beginnen. Sagt der Kutscher/die Kutscherin „Schritt", geht das Pferd los. Bei „Schneller" erhöht das Pferd die Geschwindigkeit. Sagt der Kutscher/die Kutscherin „Ho!" und zieht dabei leicht an beiden Zügeln, drosselt das Pferd das Tempo und bleibt stehen. Zieht der Kutscher/die Kutscherin rechts oder links am Seil, geht das Pferd in die entsprechende Richtung. Das Kutschpferd ist ausnahmslos brav und passt sich den Kommandos, die es bekommt, an. Der Kutscher/die Kutscherin muss aufpassen, dass das Rollbrett beim Stoppen nicht in die Fersen des Pferdes rollt. Da diese Gefahr sehr groß ist, darf bei der Kutschfahrt nur Schritt oder schneller Schritt gegangen werden. Kutscher*innen und Pferde müssen stets verantwortungsvoll miteinander umgehen. Schließlich haben wir keine Sulkys!

GEMEINSAM STARK BEIM ERDBEBEN

Anzahl der Mitspielenden: ab 2 Kinder

Das brauchen Sie: Medizinbälle, Weichbodenmatte

Vorbereitung: Die Medizinbälle werden verteilt unter die Weichbodenmatte gelegt.

So geht es:

Zwei bis drei Kinder dürfen auf die Weichbodenmatte klettern und sich verteilt, nicht am Rand, aufstellen. Die anderen Kinder verteilen sich um die Matte herum. Sie greifen diese und passen zunächst auf, dass sie sich nicht bewegt. Ruft ein Kind „Das Erdbeben geht los!", bewegen die um die Matte stehenden Kinder die Matte leicht vor und zurück. Die auf der Matte stehenden Kinder haben die Aufgabe, darauf zu achten, dass kein Kind auf die Matte fällt, sondern die Kinder stehen bleiben. Sie können sich gegebenenfalls gegenseitig stützen und festhalten.

Variation:

Motorisch unsichere Kinder können in einem Kniestand auf der Matte sein.

AUTOSCOOTER

Anzahl der Mitspielenden: ab 11 Kinder

Das brauchen Sie: Rollbrett, glatter Hallenboden

So geht es:

Ein Kind darf sich bäuchlings auf das Rollbrett legen. Kinder mit langen Haaren sollten sich einen Zopf binden, damit die Haare nicht unter die Räder kommen und es nicht zu Verletzungen kommt. Die anderen Kinder verteilen sich rundherum vor den

Wänden der Halle. Sie sind die Aufpasser*innen, damit das Kind mit dem Rollbrett keinen Unfall baut. Die Aufpasser*innen sind dafür verantwortlich, dass das Rollbrett mit dem Kind nicht gegen die Wand fährt. Sie stoppen das fahrende Rollbrett, indem sie das Kind mit beiden Händen festhalten. Und schieben es erneut an, indem sie dem Rollbrett einen kräftigen Schubbs geben. So fährt das Rollbrett wie ein Autoscooter auf dem Jahrmarkt herum. Nach einer Weile werden die Rollen getauscht.

HILFE! ICH MUSS INS KRANKENHAUS!

Anzahl der Mitspielenden: ab 10 Kinder

Das brauchen Sie: ca. vier Matten

Vorbereitung: In die Ecke der Turnhalle wird ein Viereck aus Matten auf den Boden gelegt.

So geht es:

Die Lehrkraft bestimmt einen Fänger oder eine Fängerin. Alle Kinder bewegen sich durch die Halle und der Fänger/die Fängerin muss ein Kind ticken. Hat er ein Kind berührt, so wird es auf der Stelle „krank". Es legt sich auf den Boden und ruft: „Hilfe! Ich muss ins Krankenhaus!" Nun können andere Kinder das „kranke Kind" wieder erlösen, indem mindestens zwei Kinder das Kind auf das Mattenviereck – in das Krankenhaus – tragen oder auch beim Gehen stützen. Das Kind ist also auf die Hilfe der Mitspieler*innen angewiesen, um weiterspielen zu können. Auf dem Transportweg zum Krankenhaus dürfen weder das kranke Kind noch die Kinder, die es gerade ins Krankenhaus bringen, getickt werden. Das kranke Kind und auch die Helfer*innen ruhen sich kurz auf der Matte aus und dürfen dann auf das Spielfeld zurück und wieder gefangen werden.

EIN SICHERER AUSFLUG FÜR UNSER KLEINES KÜKEN

Anzahl der Mitspielenden: 2-4 Kinder

Das brauchen Sie: „Eier" (Tennisball o. Ä.), Handtuch, Klein- und Großgeräte wie Bank, Kasten, Matten, Weichbodenmatte, Medizinbälle, Kriechtunnel etc. oder alternativ: Tische, Stühle, Hocker, Decke, Matratze

Vorbereitung: Zunächst wird ein Bewegungsparcours aufgebaut. Beispiel: zu Beginn über eine Weichbodenmatte gehen, im Slalom um Medizinbälle laufen, über einen Kasten steigen und auf der schief eingehängten Bank wieder herunterklettern, durch einen Kriechtunnel aus Stoff krabbeln und abschließend auf ein Tuch setzen und sich mit den Füßen abstoßen, um zum Ziel zu kommen.

So geht es:

Die Kinder versammeln sich am Anfang des Bewegungsparcours. Sie bekommen ein „Ei". Darin sitzt unser „kleines Küken". Die Kinder bekommen die Aufgabe, das Ei gemeinsam heil bis zur anderen Seite des Bewegungsparcours zu bringen. Sie haben eine große Verantwortung für das kleine, noch nicht ausgeschlüpfte Küken. Die Kinder sind aufgefordert, sich abzusprechen, wer das Ei an welchem Teil des Parcours halten und tragen darf. An einigen Stellen, wie etwa wenn sie auf einen Kasten steigen, müssen sie sich das Ei gegenseitig abnehmen oder gegenseitig Hilfestellung leisten. Die Lehrkraft sollte ggf. eingreifen, wenn sie beobachtet, dass nicht alle Kinder mit einbezogen sind. Bei älteren Kindern könnte die Spielregel eingeführt werden, dass jedes Kind das Ei einen Teil des Weges in der Hand halten muss. Ist das Küken sicher auf der anderen Seite angekommen, dürfen alle Kinder das Ohr an das Ei halten. Hat sich das Küken bedankt? Hast du das auch gehört? Fällt das Ei herunter, beginnen die Kinder mit einem neuen Ei von vorn.

Variation:

In größeren Gruppen sollten mehrere Eier gleichzeitig über den Parcours gebracht werden.

HILFE! ICH BIN IN DEN BRUNNEN GEFALLEN!

Anzahl der Mitspielenden: ab 7 Kinder

Das brauchen Sie: Reifen

Vorbereitung: Der Reifen wird auf den Boden gelegt.

So geht es:

Die Lehrkraft wählt ein Kind aus, das den Anfang macht. Dieses Kind hockt sich in den Reifen. Die anderen Kinder stehen um den Reifen herum. Das Kind im Reifen ruft: „Hilfe! Ich bin in den Brunnen gefallen!“ Die Kinder antworten im Chor: „Wie tief denn?“ Das Kind nennt eine Zahl, z. B.: „80 Meter!“ Die Kinder fragen: „Wer soll dich herausholen?“ Nun denkt sich das Kind im Brunnen eine Tätigkeit aus und sagt: „Das Kind, das am besten … (z. B. schwimmen oder Fahrrad fahren) kann. Alle Kinder beginnen nun, die genannte Tätigkeit pantomimisch darzustellen. Das Kind im Brunnen entscheidet, welches Kind es am besten gemacht hat, und sagt den Namen des Kindes. Dieses darf dann die Hand des Kindes im Reifen nehmen und es herausziehen bzw. ihm in den Stand helfen. Nun fällt nur leider genau das Kind selber dabei in den Brunnen und schreit: „Hilfe! Ich bin in den Brunnen gefallen!“ … Das Spiel geht so lange weiter, bis alle Kinder einmal dran waren, jemanden zu retten.

WER KANN UNS RETTEN?

Anzahl der Mitspielenden: ab 9 Kinder

Das brauchen Sie: Musik

So geht es:

Vorab sollte die Lehrkraft den Kindern erläutern, was eine Ohnmacht bedeutet. Wenn ein Mensch ohnmächtig wird, hat er einen Moment keine Macht und Kontrolle mehr über sich und bricht zusammen, d. h., die Beine wollen ihn nicht mehr tragen, dem Menschen wird schwindelig und er ist plötzlich ganz schwach.

Die Kinder werden in drei Gruppen eingeteilt. Jede Gruppe bekommt einen Namen (z. B. die Katzen, die Wichtel und die Weihnachtsmänner). Alle Kinder bewegen sich kreuz und quer zur Musik durch die Halle. Stoppt die Musik, ruft die Lehrkraft einen Gruppennamen, z. B. „Die Weihnachtsmänner werden ohnmächtig!" Ganz, ganz langsam werden alle Kinder der Weihnachtsmanngruppe ohnmächtig und sinken zu Boden. Alle anderen Kinder haben die Aufgabe, so schnell wie möglich die langsam fallenden Kinder abzufangen oder zu stützen, sie sanft auf dem Boden abzulegen und ihnen etwas Gutes tun, wie etwa Luft zufächeln oder über den Kopf streicheln. Spielt die Musik wieder, sind alle Kinder kerngesund und geheilt und das Spiel beginnt von vorn.

DIE KÖNIGIN FÄHRT IN DEN URLAUB

Anzahl der Mitspielenden: ab 5 Kinder

So geht es:

Die Kinder versammeln sich im Kreis. Ein Kind ist die Königin. Sie geht langsam im Kreis herum, und sagt: „Die Königin fährt in den Urlaub und braucht noch unbedingt ... (z. B. eine Brille, eine blaue Hose, Socken mit Spiderman drauf o. Ä.)!" Das Kind, welches dieses an sich hat, fasst der Königin von hinten auf die Schultern und geht mit. Die Königin spricht erneut: „Die Königin fährt in den Urlaub und braucht noch unbedingt ...!" Wieder schließt sich ein Kind mit dem genannten Merkmal an. Nach diesem Prinzip geht es immer weiter, bis alle Kinder hinter der Königin her in einer langen Schlange gehen. Wichtig bei diesem Spiel ist, die einzelnen Kinder genau wahrzunehmen und die Verantwortung dafür zu übernehmen, dass jedes Kind mit einer Einzigartigkeit an die Reihe kommt. Möglicherweise können in einer Runde mehrere Kinder auf einmal zur Königin kommen, wie etwa bei dem Merkmal „braune Haare".

Variation:

Bei dieser Variation geht es nicht mehr um Äußerlichkeiten, sondern um die inneren Stärken, Fähigkeiten und Talente der Kinder. Die Königin fährt in den Urlaub und braucht noch jemanden, der gut springen, hervorragend flunkern oder ganz lange auf einem Bein stehen kann. Den Kindern wird deutlich, dass jedes Kind eine Stärke oder besondere Fähigkeit hat. Hier müssen die Kinder möglicherweise aushandeln, wer nun zur Königin gehen darf. Es darf immer nur ein Kind mitgehen. Vielleicht muss ein kurzer Test wie: „Wer lacht am lautesten?" durchgeführt werden. Hierbei kommt es vor, dass kaum zu umgehende kleine Ungerechtigkeiten und Frust ausgehalten werden müssen.

VON EISSCHOLLE ZU EISSCHOLE

Anzahl der Mitspielenden: 2–4 Kinder

Das brauchen Sie: zwei große Handtücher oder Decken, eine große Decke

Vorbereitung: Zwei große Handtücher oder Decken (je nach Anzahl der Kinder) werden hintereinander auf den Boden an einem Ende der Halle gelegt. Am anderen Ende wird eine große Decke ausgebreitet.

So geht es:

Die Schüler*innen versammeln sich auf den hintereinanderliegenden Tüchern. Sie sind die Pinguine und die Tücher die Eisschollen. Die Pinguine sind heute sehr wasserscheu und wollen schnell auf das Festland. Das ist die große Decke am anderen Ende der Halle. Die Pinguine haben nun die Aufgabe, von den Eisschollen aus ans Festland zu gelangen. Dafür müssen sie sich weiterbewegen. Das geht nur, wenn sie die Eisschollen versetzen. Die Kinder stellen sich auf ein Handtuch und legen das andere davor Richtung Festland. Dann gehen alle Kinder auf dieses Handtuch. Nun nehmen sie das freie Tuch und legen es wieder vor sich Richtung Festland. Alle Kinder gehen nun auf dieses Tuch usw. – bis das Festland mit trockenen Füßen erreicht ist. Damit kein Pinguin ins Wasser tappt, müssen sich die Kinder gegenseitig stützen, die Hand reichen, eng zusammenrücken und ggf. sogar ein anderes Kind hochheben. Nur so kann das Ziel erreicht werden.

Hinweis: Je kleiner die Handtücher oder Decken sind, desto herausfordernder ist das Spiel im Hinblick auf die Kooperation.

DER HAI HAT GROSSEN HUNGER

Anzahl der Mitspielenden: ab 6 Kinder

Das brauchen Sie: Teppichfliesen, Klebeband zum Markieren

Vorbereitung: Es wird eine Startlinie an der einen Seite der Turnhalle markiert und gegenüber an der anderen Hallenseite eine Ziellinie.

So geht es:

Die Kinder stehen an einem Ende der Halle. Jedes Kind hat zwei Teppichfliesen. Sie haben nun die Aufgabe, mit Hilfe der Teppichfliesen über das Meer zur Ziellinie auf dem Festland zu kommen, ohne nasse Füße zu kriegen. Die Kinder können abwechselnd eine Teppichfliese vor sich legen und sich immer wieder draufstellen. So würden sie unproblematisch zum Ziel gelangen – wenn nicht der Hai kommen würde. Während des Spieles kommt immer mal wieder die Lehrkraft als Hai und holt sich hier und da eine Teppichfliese für das Abendbrot. Somit müssen die Kinder gemeinsam mit den Teppichfliesen zum Ziel kommen, die sie vorfinden. Mit einer guten Zusammenarbeit und einer großen Portion Hilfsbereitschaft kommen alle Kinder zum Ziel.

ES WIRD ENG IM HAUS

Anzahl der Mitspielenden: ab 5 Kinder

Das brauchen Sie: Teppichfliesen, Musik

So geht es:

Jedes Kind bekommt eine Teppichfliese und stellt sich drauf. Die Teppichfliesen sind Häuser. Die Lehrkraft schaltet die Musik ein. Nun laufen die Kinder kreuz und quer in der Halle um die Häuser herum. Bei Musikstopp sucht sich jedes Kind ein neues Haus und stellt sich auf die Teppichfliese. Geht die Musik wieder an, bewegen sich die

Kinder wieder um alle Häuser herum. In dieser Zeit entfernt die Lehrkraft eine der Teppichfliesen. Beim nächsten Musikstopp sucht sich wieder jedes Kind ein Haus. Achtung! Ein Haus muss nun von zwei Kindern besetzt werden. In den folgenden Bewegungsphasen wird immer wieder eine Teppichfliese entfernt, sodass die Kinder sich die Häuser immer mehr teilen müssen. Sie müssen nicht direkt auf der Teppichfliese stehen, sie aber mit einem Körperteil berühren. Passen am Ende alle Kinder irgendwie in ein Haus?

VORSICHT! DIE EISSCHOLLE SCHMILZT!

Anzahl der Mitspielenden: ab 6 Kinder

Das brauchen Sie: große Bögen Zeitungspapier, Klebeband

Vorbereitung: Mehrere Bögen Zeitungspapier werden aneinandergeklebt.

So geht es:

Ein Kind wird als „Sonne“ ausgewählt. Die anderen Kinder stellen sich gemeinsam auf die zusammengeklebten Zeitungsbögen. Sie sind Eisbären auf einer Eisscholle. Nun geht die Sonne auf: Das Sonnenkind wandert um die Eisscholle herum und scheint, indem es die Hände und Finger um sich herum ausstreckt. Sie scheint mit einer solchen Kraft, dass die Eisscholle zu schmelzen beginnt: Das Sonnenkind reißt hier und da Zeitungsfetzen von der Zeitung ab. Die Eisbären müssen sich immer wieder neu so positionieren, dass keiner ins Wasser fällt. Tappt ein Bär ins Wasser, ist das Spiel zu Ende. Wie klein ist die Zeitung am Ende?

SCHLANGENDRESSUR

Anzahl der Mitspielenden: ab 7 Kinder

Das brauchen Sie: Reifen, Bank, Seil

Vorbereitung: Eine Bank wird in die Mitte der Turnhalle gestellt und Seile werden auf den Boden gelegt.

So geht es:

Die Schüler*innen stellen sich in einer Reihe auf und nehmen sich an die Hand, sodass eine lange Schlange entsteht. Das Kind, welches am Anfang der Reihe steht, ist der Schlangenkopf. Die Kinderschlange hat nun die Aufgabe, durch die Halle zu gehen oder zu laufen, ohne dass die Schlange zerreißt. Der Schlangenkopf geht los und die Kinder folgen. Jeder ist mitverantwortlich, dass die Schlange heil bleibt. Wenn der „Probelauf" gut klappt, werden ein paar Hindernisse eingebaut. Die Lehrkraft hält beispielsweise einen Reifen in Kniehöhe und die Schlange muss durch den Reifen. Anschließend darf sich die Schlange noch mehr Herausforderungen suchen: Sie balanciert über die Bank oder sie wagt einen kleinen Sprung über ein am Boden liegendes Seil oder macht einen Riesenschritt über die Bank. Nach einer gewissen Zeit darf der Schlangenkopf sich dem letzten Kind der Reihe anschließen und so zum Schwanz werden, während eine neues Kind der Kopf ist.

AB DURCH DEN REIFEN!

Anzahl der Mitspielenden: ab 6 Kinder

Das brauchen Sie: Reifen

So geht es:

Die Kinder stellen sich in einem Kreis auf und fassen sich an den Händen. An einer Stelle wird der Handkontakt gelöst und ein Reifen dazwischengeschoben. Jetzt hat die Gruppe die Aufgabe, dass der Reifen einmal im Kreis herumwandert, indem alle Kinder hindurchsteigen. Die Hände dürfen dabei allerdings nie den Kontakt verlieren.

DURCH DEN FEUERREIFEN

Anzahl der Mitspielenden: ab 7 Kinder

Das brauchen Sie: Reifen

So geht es:

Die Kinder stehen in einer Reihe und fassen sich an den Händen. Zwei Kinder stehen vor der Reihe und halten einen Reifen hochkant ungefähr in Kniehöhe der Kinder. Die Kinderreihe hat nun die Aufgabe, durch den Reifen zu steigen, ohne den Reifen zu berühren. Denn dieser Reifen ist ein Feuerreifen! Wer ihn aus Versehen berührt, wird von den Ersthelfer*innen, die den Reifen halten, schnell angepustet. Die Kinder, die den Reifen halten, dürfen die Position des Reifens immer so verändern, dass möglichst kein Kind den Reifen berührt. Kommen alle Kinder ohne Verbrennungen durch den Reifen, haben alle gewonnen.

DER GROßE ELEFANT UND DIE LAUTE ENTE

Anzahl der Mitspielenden: ab 10 Kinder

So geht es:

Die Kinder stehen im Kreis. Die Lehrkraft erläutert zunächst, wie drei Kinder einen Elefanten darstellen können: Ein Kind macht mit zwei Armen den Elefantenrüssel (d. h. einen Arm nach vorn strecken, den anderen darumlegen und sich mit der Hand an die Nase fassen), die beiden Kinder links und rechts daneben stellen mit den Armen auf jeder Seite des Elefanten riesige Elefantenohren dar.

Ein Kind begibt sich in die Mitte. Es dreht sich um sich selbst, bleibt stehen und zeigt auf ein Kind. Das Kind, auf welches es zeigt, muss schnell einen Elefantenrüssel machen und die zwei Nachbarkinder die dazugehörigen Ohren. Macht ein Kind eine falsche Bewegung oder reagiert es nicht sofort, darf es als Nächstes in die Mitte und das Kind aus der Mitte nimmt seinen Platz ein.

Nach einigen Runden kann ein zweites Tier eingeführt werden, die Ente: Das Kind, auf das gezeigt wird, stellt mit beiden Händen einen Entenschnabel, der auf- und zuklappt, dar und ruft laut:
„Nat nat nat", während die Kinder links und rechts daneben mit dem Popo wackeln, die Arme anwinkeln und die Ellenbogen auf und ab bewegen. So gibt es immer wieder Wechsel zwischen Elefanten und schnatternden Enten – bis ein pantomimischer Fehler passiert und ein anderes Kind zum Bestimmen in die Mitte darf.

HIER SIND DIE ROBOTER

Anzahl der Mitspielenden: ab 2 Kinder

So geht es:

Die Kinder bilden Paare. Ein Kind ist der Ingenieur oder die Ingenieurin und das andere der Roboter. Der Roboter steht vor dem Ingenieur/der Ingenieurin. Er wurde bereits programmiert und der Ingenieur/die Ingenieurin kann ihm durch Handauflegen Befehle geben, wie er sich bewegt. Der Roboter kann folgende vier Befehle ausführen:

- → Der Roboter geht geradeaus, wenn der Ingenieur/die Ingenieurin mit der Hand zwischen den Schulterblättern am Rücken Druck gibt.
- → Der Roboter geht nach links, wenn die Hand des Ingenieurs/der Ingenieurin Druck auf die linke Schulter gibt.
- → Der Roboter geht nach rechts, wenn die Hand des Ingenieurs/der Ingenieurin Druck auf die rechte Schulter gibt.
- → Der Roboter bleibt stehen, wenn der Ingenieur/die Ingenieurin die Hand auf seinen Kopf legt und leicht drückt.

Mit Hilfe dieser Befehle wird der Roboter kreuz und quer durch die Turnhalle gelenkt. Insbesondere wenn mehrere Teams unterwegs sind, muss der Ingenieur/die Ingenieurin gut aufpassen, dass es keine Zusammenstöße mit anderen Robotern, Geräten oder Wänden gibt.

Variation:

Wenn die Kinder das Spiel gut beherrschen, können sie noch einen zusätzlichen Rückwärtsgang nutzen. Wenn der Ingenieur/die Ingenieurin die Hand in den Brustbereich des Roboters legt, läuft er rückwärts. Da das Roboterkind nicht nach hinten schauen kann, hat das befehlende Kind eine noch stärkere Verantwortung, Unfälle zu vermeiden.

BLIND DURCH DIE TURNHALLE

Anzahl der Mitspielenden: 2 Kinder

Das brauchen Sie: Augenbinden

So geht es:

Die Kinder bilden Paare. Sie legen fest, wer das Steuerkind ist und wer die Augen verbunden bekommt. Sind die Rollen geklärt, werden dem entsprechenden Kind die Augen verbunden und das andere Kind stellt sich hinter dieses und legt die Hände auf seine Schultern. Das Steuerkind ist ab jetzt für das nicht sehende Kind verantwortlich und hat die Aufgabe, es sicher zu führen. Nach ein paar Minuten findet ein Rollenwechsel statt. So kann jedes Kind die Erfahrung machen, sich komplett auf jemanden verlassen zu müssen und absolut für jemanden verantwortlich zu sein.

ZUGVERKEHR

Anzahl der Mitspielenden: 3–6 Kinder

So geht es:

Die Kinder bilden einen Zug: Sie stellen sich mit verbundenen Augen hintereinander auf und fassen dem Kind, das vor ihnen steht, auf die Schultern. Nur das erste Kind hat die Hände frei. Der Zugfahrer/die Zugfahrerin kann als Einzige/r sehen und reiht sich an letzter Stelle ein. Dieses Kind setzt den ganzen Zug langsam in Bewegung, indem es Druck auf die Schultern des ersten nicht sehenden Kindes gibt und das Kind losgeht. Nicht nur der Zugfahrer/die Zugfahrerin hat die Verantwortung, dass unfallfrei gefahren wird, sondern jedes einzelne Kind des Zuges auch. Jeder muss die Impulse des hinteren Kindes aufnehmen, umsetzen und auch weitergeben.

MITEINANDER KÄMPFEN UND KRÄFTE MESSEN

Ein Hinweis, bevor die Spiele beginnen: Beim fairen Kampf kämpfen die Kinder nicht gegeneinander, sondern miteinander. Alles, was dem anderen weh tut, ist verboten. Die Kinder sind Kampfpartner*innen und keine Kampfgegner*innen und übernehmen durch die Einhaltung der Regeln Verantwortung für sich und den Partner oder die Partnerin. Um dieses im „Eifer des Gefechtes" realisieren zu können, ist es sinnvoll, gemeinsam mit den Kindern Kampfregeln zu erarbeiten. Lehrkräfte sollten – noch penibler als bei anderen Spielen – auf die Einhaltung der Regeln achten und Kinder zeitweise vom Spiel ausschließen, die sich nicht an die Regeln halten. Wahrscheinlich werden alle Kinder in der Klasse bereits Erfahrungen mit dem Kämpfen haben. Ebenso wahrscheinlich ist es, dass viele Kinder negative Erlebnisse bei Kämpfen hatten, etwa wenn ein Kind ein anderes verletzt oder nicht aufhört, obwohl das andere Kind signalisiert, dass es nicht mehr weiterkämpfen möchte. Diese Erlebnisse bilden die Grundlage für die gemeinsame Entwicklung von Kampfregeln. Die Regeln sollten von der Lehrkraft in Form von Symbolkarten festgehalten werden, sodass die Kinder sich diese stets vergegenwärtigen können. Regeln könnten sein:

→ „Stopp!" heißt „Stopp!"

→ Wehtun ist verboten!

Es sollte einen festen Ablauf des Kampfes geben, der konsequent eingehalten wird. Dadurch bekommen die Kinder eine Orientierung und treten dem Kampfpartner/der Kampfpartnerin bewusst und respektvoll gegenüber. Dieser Ablauf könnte beispielsweise so aussehen:

→ Die Kinder verbeugen sich voreinander.

→ Die Kinder schauen einander in die Augen.

→ Die Lehrkraft schlägt den Gong.

Der Gong sollte als akustisches Startsignal von der Lehrkraft geschlagen und nicht etwa als Aufgabe einem Kind übertragen werden. So hat die Lehrkraft die Möglichkeit, den Spielbeginn festzulegen. Sie kann einschätzen, ob sich die Kinder tatsächlich gegenseitig wahrgenommen haben und einen Moment zur Ruhe gekommen sind. Erst dann sollte der Gong ertönen und das Spiel beginnen.

KOMM ZU MIR HERÜBER!

Anzahl der Mitspielenden: ab 2 Kinder

Das brauchen Sie: Klebeband oder Seil

Vorbereitung: Auf dem Boden wird eine Linie mit dem Klebeband/Seil markiert.

So geht es:

Zwei Kinder stehen sich an der markierten Linie gegenüber. Die Kinder führen das Ritual durch (s. S. 62). Dann umfasst jedes Kind das rechte/linke Handgelenk des Gegenübers. Die Lehrkraft gibt das Startzeichen: „Es geht los!“ Nun haben beide Kinder die Aufgabe, dass jeweils andere Kind über die Linie auf seine Seite zu ziehen.

WER TRITT IN DEN REIFEN?

Anzahl der Mitspielenden: 4–5 Kinder

Das brauchen Sie: Reifen

Vorbereitung: Der Reifen wird auf den Boden gelegt.

So geht es:

Die Kinder versammeln sich um den liegenden Reifen. Sie führen das Fröffnungsritual (s. o.) aus. Dann beginnt das Kräftemessen: Die Kinder bilden einen Kreis, indem sie sich an den Händen festhalten. Die Lehrkraft gibt das Startzeichen: „Es geht los!“ Nun versuchen die Kinder sich gegenseitig dazu zu bringen, in die Reifenmitte zu treten und gleichzeitig aufzupassen, selbst außerhalb des Reifens zu bleiben. Ist ein Kind in den Reifen getreten, verlässt es den Kreis und tritt ein paar Schritte nach hinten. Sind noch zwei Kinder im Spiel, ist die Runde vorbei.

RUNTER VON DER MATTE!

Anzahl der Mitspielenden: 2 Kinder

Das brauchen Sie: Matte

Vorbereitung: Die Matte wird in die Mitte des Raumes gelegt.

So geht es:

Zwei Kinder führen das o. g. Eröffnungsritual durch. Dann stellen sie sich Rücken an Rücken auf die Matte. Die Lehrkraft gibt das Startzeichen: „Es geht los!" Nun versucht jedes Kind, das jeweils andere Kind mit dem Rücken von der Matte zu schieben. Ist ein Kind von der Matte geschoben worden, ist das Spiel vorbei.

PFANNKUCHEN WENDEN

Anzahl der Mitspielenden: 2 Kinder

Das brauchen Sie: Matte

Vorbereitung: Die Matte wird bereitgelegt.

So geht es:

Die Kinder entscheiden, wer der Pfannkuchen ist und wer der Koch oder die Köchin sein wird. Stehen die Rollen fest, führen die Kinder das o. g. Eröffnungsritual durch. Danach legt sich der Pfannkuchen bäuchlings auf die Matte. Die Lehrkraft gibt das Startzeichen: „Es geht los!" Der Koch/die Köchin hat nun die Aufgabe, den Pfannkuchen zu wenden, also das Kind auf den Rücken zu drehen. Ist dieses gelungen, ist das Spiel vorbei. In der nächsten Spielrunde findet ein Rollenwechsel statt.

GIB MIR DEN APFEL!

Anzahl der Mitspielenden: 2 Kinder

Das brauchen Sie: Gymnastikball, Matte

Vorbereitung: Die Matte wird auf den Boden gelegt. Der Ball wird auf die Mitte der Matte gelegt.

So geht es:

Die Kinder legen fest, wer der Apfeldieb oder die Apfeldiebin sein wird und wer der Ladenbesitzer oder die Ladenbesitzerin. Stehen die Rollen fest, wird das o. g. Eröffnungsritual durchgeführt. Der Dieb/die Diebin legt sich bäuchlings über den Ball (den „Apfel") auf die Matte. Die Lehrkraft gibt das Startzeichen: „Es geht los!" Der Ladenbesitzer/die Ladenbesitzerin hat nun die Aufgabe, den „Apfel" wiederzubekommen. Hat er/sie den Ball erobert, ist das Spiel zu Ende. In der nächsten Runde findet ein Rollentausch statt.

LUFTBALLONFECHTEN

Anzahl der Mitspielenden: 2 Kinder

Das brauchen Sie: längliche Luftballons

Vorbereitung: Die Luftballons werden aufgepustet und verknotet.

So geht es:

Die Kinder stellen sich mit dem Blick zueinander auf. Jedes Kind bekommt ein „Schwert", also einen länglichen Luftballon. Dann führen sie das o. g. Eröffnungsritual durch. Auf das Startzeichen der Lehrkraft hin fechten die Kinder miteinander und versuchen, sich gegenseitig mit dem Luftballon am Bauch zu berühren. Ist dieses einem der Kinder gelungen, ist die Fechtrunde vorbei und die nächste Runde beginnt wieder mit dem o. g. Ritual.

SCHWERTKAMPF

Anzahl der Mitspielenden: 2 Kinder

Das brauchen Sie: Schwimmnudeln (einmal in der Mitte geteilt)

So geht es:

Die Kinder stellen sich mit dem Blick zueinander auf. Jedes Kind bekommt eine Schwimmnudel als „Schwert". Dann führen sie das o. g. Eröffnungsritual durch. Auf das Startzeichen der Lehrkraft hin fechten die Kinder miteinander und versuchen, sich gegenseitig mit dem Schwert am Oberschenkel zu berühren. Ist dieses einem der Kinder gelungen, ist die Fechtrunde vorbei und die nächste beginnt wieder mit dem o. g. Ritual.

MÖHREN ZIEHEN

Anzahl der Mitspielenden: ab 6 Kinder

So geht es:

Die Kinder liegen eng in einem Kreis, mit dem Kopf zur Kreismitte auf dem Boden. Jedes Kind hakt sich bei dem linken und rechten Nachbarkind ein. Die Kinder sind die Möhren. Die Lehrkraft ist der Bauer/die Bäuerin. Sie geht langsam um die Kinder herum und versucht nach und nach ein Kind an den Fußgelenken aus dem Kreis zu ziehen. Alle Kinder versuchen das zu verhindern, indem sie das eingehakte Kind gut festhalten. Ist ein Kind dennoch aus dem Kreis gezogen worden, wird es auch zum Bauern oder zur Bäuerin und hilft der Lehrkraft beim Möhrenziehen. Wenn nur noch zwei Möhren auf dem Boden liegen, ist das Spiel vorbei.

KISSENSCHLACHT

Anzahl der Mitspielenden: ab 4 Kinder

Das brauchen Sie: viele Kissen, Markierungslinie (Langbank oder Linie mit Klebeband auf den Boden kleben)

Vorbereitung: Durch die Markierung in der Mitte der Turnhalle werden zwei Spielfelder hergestellt. Die Kissen werden gleichmäßig verteilt in beide Spielhälften gelegt.

So geht es:

Es werden zwei Regeln für die Kissenschlacht aufgestellt:

→ Niemals mit einem Kissen auf den Kopf eines anderen Kindes zielen.

→ Wenn ein Kind „Stopp!" ruft, wird das Spiel auf der Stelle gestoppt.

Die Kinder werden in zwei Gruppen aufgeteilt. Jede Gruppe stellt sich in ein Spielfeld. Nun wird das Eröffnungsritual zum Kämpfen (s. o.) durchgeführt. Auf das Startzeichen der Lehrkraft hin geht es los. Die Kissenschlacht beginnt. Jedes Kind darf die Kissen in das Nachbarfeld werfen und schleudern. Sagt ein Kind „Stopp!", ist das Spiel vorbei.

SPIELE MIT DEM **FÖRDERSCHWERPUNKT KOMMUNIKATIONSFÄHIGKEIT**

Auf den nachfolgenden Seiten werden Spiele beschrieben, bei denen die Kinder dazu aufgefordert werden, mit anderen Kindern in Kontakt zu treten. Die Kinder können üben, verbale und nonverbale Äußerungen anderer Kinder wahrzunehmen und zu verstehen.

BIST DU FRAU BIMM-BAMM?

Anzahl der Mitspielenden: ab 6 Kinder

Das brauchen Sie: Augenbinden

So geht es:

Die Kinder legen die Spielrollen fest: Es gibt Frau Bimm-Bamm, nicht sehende Kinder und Beschützer*innen. Die Beschützer*innen verteilen sich an den Wänden. Sie sind dafür zuständig, dass sich kein Kind während des Spieles verletzt, indem es beispielsweise irgendwo gegenläuft. Die nicht sehenden Kinder bekommen die Augen verbunden oder schließen sie. Diese Kinder wollen Frau Bimm-Bamm finden. Frau Bimm-Bamm darf bei diesem Spiel nicht sprechen. Die Kinder bewegen sich langsam durch die Halle. Wenn sie jemanden berühren, fragen sie dieses Kind: „Bist du Frau Bimm-Bamm?" Das Kind antwortet mit „Nein". Ist es tatsächlich Frau Bimm-Bamm, die sie berühren, bekommen sie keine Antwort. Das bedeutet, dass sie sie gefunden haben. Sie dürfen dann die Augenbinde abnehmen, Frau Bimm-Bamm an die Hand nehmen und weiter mit ihr gehen. Das Spiel ist beendet, wenn alle Kinder in einer langen Kinderkette bei Frau Bimm-Bamm an der Hand laufen.

ES WIRD ENG AUF DER SCHIEFEN EBENE

Anzahl der Mitspielenden: 2–6 Kinder

Das brauchen Sie: zwei Bänke, Sprossenwand, Matten

Vorbereitung: Die beiden Bänke werden eng nebeneinander in die Sprossenwand eingehängt, sodass eine leicht schiefe Ebene entsteht. Der Platz unter und neben den Bänken wird mit Matten ausgelegt.

So geht es:

Die Kinder werden in zwei Gruppen aufgeteilt, wobei maximal drei Kinder in einer Gruppe sein sollten. Jede Gruppe stellt sich nebeneinander an ein Ende auf die Bank. Beide Gruppen haben die Aufgabe, ihre Plätze mit der jeweils anderen Gruppe zu tauschen. Dafür müssen sie aneinander vorbeigehen. Sie dürfen nicht sprechen, sondern sich durch Körpersprache und Tun verständigen, wie sie aneinander vorbeigehen können.

Hinweis: Die Bänke können auch auf den Boden gestellt werden.

RATE MAL, WAS ICH HIER MACHE!

Anzahl der Mitspielenden: ab 3 Kinder

So geht es:

Die Kinder sitzen in einem Halbkreis auf dem Boden oder auf Stühlen. Ein Kind darf mit dem Vormachen einer Tätigkeit beginnen. Die Lehrkraft flüstert dem Kind ins Ohr, was es vormachen soll – ohne zu sprechen! Das Kind überlegt einen kleinen Moment und beginnt dann mit den pantomimischen Handlungen. Die Gruppe errät die Tätigkeit, die dargestellt wird. Ist sie erraten, darf ein anderes Kind etwas vormachen.

Besonders anfangs ist es sinnvoll, wenn die Kinder eine Vorgabe bekommen, was sie darstellen sollen. Ansonsten denken sie sich oft etwas aus, das sehr schwer zu erraten ist (wie „Mit Oma Heike in der Hängematte liegen und dabei ihren Hund streicheln, der vor der Hängematte sitzt.“), oder sie entscheiden sich während ihrer Präsentation wieder um. Es ist auch möglich, dass die Lehrkraft zwei Vorgaben macht, von denen sich das Kind eine aussuchen kann. Beispiele für Tätigkeiten, die vorgemacht werden, können sein:

- → Fußball spielen
- → Blumen pflücken
- → etwas zu trinken einschenken
- → auf einem Pferd reiten
- → sich anziehen
- → sich nach dem Baden abtrocknen
- → sich von jemandem verabschieden
- → Geschirr abwaschen
- → Gitarre spielen
- → Zeitung lesen

Variation:

Die Kinder stellen keine Tätigkeiten dar, sondern Tiere mit ihren typischen Fortbewegungen. Vorgaben hierfür könnten sein: Pferd, Frosch, Vogel, Schmetterling, Schlange, Huhn, Pinguin, Hund, Affe, Tiger, Maus, Känguru.

WER IST AM GRÖßTEN?

Anzahl der Mitspielenden: 4–6 Kinder

So geht es:

Die Kinder bekommen die Aufgabe, sich nach einem bestimmten Kriterium in einer Reihe aufzustellen. Dabei dürfen sie nicht sprechen, sondern sich lediglich mit Körpersprache verständigen. Am Ende kontrolliert die Lehrkraft, ob die Aufgabe richtig erfüllt wurde. Stehen alle Kinder am richtigen Ort? Kriterien für diese Aufgabe könnten sein:

→ Stellt euch der Größe nach in eine Reihe. (Das kleinste Kind steht an erster Stelle.)

→ Stellt euch nach Haarlänge in eine Reihe. (Das Kind mit den kürzesten Haaren steht an erster Stelle.)

→ Stellt euch nach Fußgröße in eine Reihe. (Das Kind mit den kleinsten Füßen steht an erster Stelle.)

→ Stellt euch in der Reihenfolge eurer Geburtstage in eine Reihe. (Das Kind, das zuerst im Kalenderjahr Geburtstag hat, steht an erster Stelle.)

TIPP IN DIE PFÜTZE

Anzahl der Mitspielenden: ab 4 Kinder

Das brauchen Sie: Seile

Vorbereitung: Mit Seilen wird auf dem Boden ein großer Kreis gelegt.

So geht es:

Alle Kinder versammeln sich um den aus Seilen gelegten Kreis. Dieser ist die Pfütze. Ein Kind beginnt, tippt mit dem Fuß in die Pfütze und sagt „Platsch!“. Dann nimmt es Augenkontakt zu einem anderen Kind auf und blinzelt es an. Das angeblinzelte Kind darf nun mit einem Fuß in die Pfütze tippen und „Platsch!“ sagen. Es blinzelt dann einem weiteren Kind zu. Im Laufe des Spieles sollte das Tempo erhöht werden. Treten zwei Kinder gleichzeitig in die Pfütze, wird das Spiel kurz unterbrochen und beginnt dann erneut. Die Lehrkraft könnte eingreifen und die Kinder zu schnelleren Bewegungen und raschem Aussuchen des nächsten Kindes ermuntern. Das Spiel ist zu Ende, wenn alle Kinder einmal dran waren.

Variation:

Anstatt ein anderes Kind anzublinzeln, damit es aufgefordert wird, in die Pfütze zu tippen, wird einem Kind zugenickt oder auf es gezeigt.

FAHRZEUGFAMILIEN FINDEN

Anzahl der Mitspielenden: ab 9 Kinder

Das brauchen Sie: Fahrzeugfamilien (siehe Vorbereitung), Musik

Vorbereitung: Die Lehrkraft fertigt Karten mit Fahrzeugen an. Sie gestaltet Fahrzeugfamilien: Pro Familie werden drei Karten angefertigt: Vater, Mutter, Kind (z. B. Vater Traktor, Mutter Traktor, Kind Traktor). Spielen neun Kinder mit, werden drei Familien benötigt, bei zwölf Kindern vier usw. Weitere Beispiele für Kartenfamilien können sein: Fahrräder, Rennauto, Bagger.

So geht es:

Die Lehrkraft verteilt an jedes Kind eine Karte. Die Kinder laufen und tanzen zu Musik durch die Halle und tauschen dabei immer wieder ihre Karten untereinander. Stoppt die Musik, schauen alle Kinder ihre Karte an und beginnen nach ihrer Familie zu suchen. Dabei imitieren sie die entsprechenden Fortbewegungsarten und machen Geräusche dazu. Familien, die zusammengefunden haben, können auf einen Parkplatz fahren. Wenn jemand seine Angehörigen nicht findet, können die Kinder sich die Karten notfalls gegenseitig zeigen. Haben alle Kinder die passenden Familienmitglieder gefunden, geht die Musik wieder an und die zweite Runde beginnt. Die Kinder tauschen ihre Karten …

KLOPF-POST

Anzahl der Mitspielenden: ab 10 Kinder

Das brauchen Sie: Musik

So geht es:

Die Kinder bewegen sich zu Musik frei durch die Halle. Ein Kind ist der Postbote oder die Postbotin. Sie läuft zu einem Kind und klopft ihm ein-, zwei- oder dreimal auf den Rücken. Das betreffende Kind merkt sich die Anzahl der Klopfer und wird selbst zum Postboten/zur Postbotin. Nun laufen zwei Kinder zu anderen Kindern und klopfen die vorgegebene Anzahl auf deren Rücken usw. Am Ende treffen sich alle im Kreis. Auf ein Zeichen der Lehrkraft hin halten alle Kinder einen, zwei oder drei Finger hoch – je nachdem, wie viele Klopfer sie bekommen haben. Zeigen alle Kinder dieselbe Zahl an, hat die Gruppe gewonnen. Die Post hat hervorragend gearbeitet!

ROBOTERPROGRAMMIERUNG

Anzahl der Mitspielenden: 2 Kinder

So geht es:

Zwei Kinder einigen sich darauf, wer zunächst der Roboter und wer der Programmierer oder die Programmiererin sein wird. Der Roboter darf sich aussuchen, welche Art von Roboter er sein möchte, z. B. ein Putzroboter, ein Sportroboter, ein Tanzroboter oder ein Clownroboter. Stehen die Rollen fest, darf nicht mehr gesprochen werden. Das programmierende Kind macht entsprechende Bewegungen vor. Der Roboter beobachtet das. Nach einer Bewegung drückt das programmierende Kind einen imaginären Knopf. Das ist der Startknopf. Nun reproduziert der Roboter die gesehene Bewegung, bis das programmierende Kind auf einen imaginären Stoppknopf am Kind drückt. Der Roboter friert in seiner Bewegung ein. Der Programmierer oder die Programmiererin macht nun eine weitere Bewegung vor, drückt auf den Startknopf und der Roboter wiederholt sie. Nach einigen Durchgängen findet ein Rollentausch statt.

SPIELE MIT DEM FÖRDERSCHWERPUNKT ANPASSUNGSFÄHIGKEIT

Auf den nachfolgenden Seiten werden Spiele vorgestellt, bei denen die Kinder üben können, sich an Regeln zu halten und sich einer Gruppe anzupassen. Eigene Impulse müssen dabei manchmal zurückgestellt werden, damit das Spiel funktionieren kann.

TIGERDRESSUR

Anzahl der Mitspielenden: 2 Kinder

Das brauchen Sie: Kissen, Hocker/kleiner Kasten, Reifen

Vorbereitung: Die Kissen werden im Halbkreis ausgelegt.

So geht es:

Die Kinder sind die Tiger. Die Lehrkraft begrüßt ihre Tiger und gibt Bewegungsanweisungen. Die Tiger sind brav und passen sich an. Damit die Kinder ein Modell haben, ist anfangs die Lehrkraft der Dompteur oder die Dompteurin. Aufgaben können sein:

→ Alle Tiger suchen sich einen Platz auf einem Kissen.

→ Die Tiger steigen durch den Reifen, den die Lehrkraft ein paar Zentimeter über den Boden hält.

→ Die Tiger laufen im Kreis und wechseln auf Anweisung die Richtung.

→ Die Tiger stellen sich auf die Hinterpfoten.

→ Die Tiger klettern auf den Kasten/Hocker und springen auf die davorliegende Matte.

→ Die Tiger rollen sich über eine Matte.

→ Die Tiger brüllen, so laut sie können.

→ Die Tiger bilden brav eine Reihe und warten, bis der Dompteur/die Dompteurin ihnen ein kleines Leckerli gibt und ihnen den Kopf streichelt.

Dann sind die Kinder an der Reihe: Sie legen ihre Spielrollen fest. Ein Kind ist der Dompteur oder die Dompteurin und die anderen Kinder sind Tiger. Haben sich die Kinder geeinigt, kann es losgehen.

KNALLER-MATTE

Anzahl der Mitspielenden: ab 3 Kinder

Das brauchen Sie: Weichbodenmatte

So geht es:

Zwei Lehrkräfte stellen die Weichbodenmatte hochkant in der Halle auf. Alle Kinder versammeln sich auf einer Seite und stellen sich so dicht mit dem Bauch an die Matte, dass sie diese berühren. Auf ein Startzeichen hin lassen sie sich gegen die Matte fallen, die Lehrkräfte lassen die Matte los und mit einem lauten Knall fliegt sie auf den Boden. Schnell klettern die Kinder von der Matte und stellen diese mit Hilfe der Lehrkräfte wieder hochkant auf. Wieder ertönt das Startzeichen und die Kinder lassen sich fallen. So wird die Matte mit einem lauten Knall immer wieder umgedreht und dabei bis zum Ende der Turnhalle bewegt. Je synchroner die Kinder sich fallen lassen, desto lauter wird der Knall, wenn die Matte zu Boden fällt.

MATTENRUTSCHEN

Anzahl der Mitspielenden: ab 3 Kinder

Das brauchen Sie: ein oder zwei Weichbodenmatten; rutschiger, glatter Boden

So geht es:

Die Kinder stehen an einer Seite der Halle. Mit etwas Abstand von ihnen liegt die Matte mit der glatten Seite auf dem Boden. Nacheinander nimmt jedes Kind Anlauf und springt so auf die Matte, dass diese ein Stück nach vorn rutscht. Erst wenn das Kind, das gesprungen ist, von der Matte gekrabbelt ist, darf das nächste Kind Anlauf nehmen. Die Kinder, die schon an der Reihe waren, laufen an der Seite der Halle zurück zum Ausgangspunkt und stellen sich wieder in der Kinderreihe an, um ein weiteres Mal zu springen. Ist die Matte am Ende der Halle angekommen, ist das Spiel zu Ende.

Variation:

Die Kinder springen immer zu zweit auf die Matte. Gut abgestimmte Springer werden direkt belohnt, denn die Matte rutscht ein erhebliches Stück weiter nach vorn.

Tipp:

Das Spiel kann auch als Wettkampfspiel gespielt werden. Hierbei werden zwei Matten nebeneinandergelegt. Die Klasse wird in zwei Teams geteilt, die auf Kommando die ihnen zugeteilte Matte zur anderen Hallenseite rutschen lassen. Gewonnen hat das Team, dessen Matte zuerst die Wand der gegenüberliegenden Hallenseite berührt.

BALLRENNEN

Anzahl der Mitspielenden: ab 6 Kinder

Das brauchen Sie: zwei verschiedenfarbige Gymnastikbälle (idealerweise nicht ganz prall aufgepumpt)

So geht es:

Die Kinder stellen sich im Kreis auf. Ein Kind hat einen Ball. Dieser Ball wird zum Nachbarkind gereicht. Dieses reicht ihn wiederum zum Nachbarkind usw. Wenn die Kinder das Annehmen und Abgeben des Balles gut koordinieren können, bringt die Lehrkraft einen zweiten Ball ins Spiel. Nun beginnt das große Rennen: Beide Bälle werden in dieselbe Kreisrichtung weitergegeben. Holt ein Ball den anderen irgendwann einmal ein?

Variation:

In großen Gruppen können auch drei oder vier Bälle im Kreis herumgereicht werden.

DOPPELDECKER-FLUGZEUG

Anzahl der Mitspielenden: ab 6 Kinder

So geht es:

Die Kinder bilden Paare und stellen zusammen ein Doppeldecker-Flugzeug dar. Dafür stehen zwei möglichst gleich große Kinder hintereinander und breiten ihre Arme aus. Sie halten sich dabei (wenn möglich) an den Händen fest. So laufen sie durch die Halle. Das vordere Kind macht Fluggeräusche, die dem hinteren Kind eine Orientierung geben, wie schnell die beiden als Doppeldecker fliegen.

EIN MONSTER AUF DREI BEINEN!

Anzahl der Mitspielenden: ab 2 Kinder

Das brauchen Sie: Tücher/Schals, farbiges Klebeband zum Markieren

So geht es:

Die Kinder bilden Paare und stellen sich zu zweit hinter einer Markierungslinie auf. Die beiden Kinder stehen dicht nebeneinander und bekommen ein Tuch. Sie binden die zueinanderstehenden Beine (rechtes Bein von Kind 1 und linkes Bein von Kind 2) mit einem Tuch zusammen. Schon ist das Monster mit drei Beinen fertig! Auf ein Startzeichen hin bewegen sich die Monster zur gegenüberliegenden Wand. Dabei sind eine gute Abstimmung und Anpassung an den Partner oder die Partnerin unverzichtbar.

DAS ZAHNRAD

Anzahl der Mitspielenden: ab 15 Kinder

Das brauchen Sie: ein großes und ein kleines Schwungtuch

So geht es:

Die Schwungtücher werden mit etwas Abstand zueinander von den Kindern im Kreis gedreht. Alle Kinder halten eines der Tücher am Rand fest und gehen in dieselbe Richtung. Dabei nähern sich die Tücher immer weiter an, bis sie wie ein Zahnrad an einer Stelle ineinandergreifen. Nach einigen Runden tauschen die Kinder an der Stelle, an der sich die Schwungtücher „verzahnen", die Plätze. Das Kind vom großen Schwungtuch läuft dann beim kleinen Schwungtuch mit und umgekehrt.

Variation:

Geübte Kinder können das Tempo steigern.

TRANSPORTBAND

Anzahl der Mitspielenden: ab 8 Kinder

Das brauchen Sie: Matten

Vorbereitung: Die Matten werden als eine Bahn aneinandergelegt.

So geht es:

Die Kinder legen sich dicht aneinander mit ausgestreckten Armen und Beinen quer auf die Mattenbahn. Ein Kind liegt ebenfalls mit ausgestreckten Armen und Beinen in Längsrichtung auf den Kindern. Die Lehrkraft legt eine Richtung fest, in der sich die Kinder rollen müssen (z. B. „Wir rollen Richtung Fenster!“). Auf das Kommando „Es geht los!“ drehen sich alle auf der Matte liegenden Kinder langsam in dieselbe Richtung. Durch diese Bewegung wird das obenauf liegende Kind befördert. Ist das Kind auf der anderen Seite angekommen, so legt es sich zu den anderen Kindern auf die Matte und wird ein Teil des Transportbandes. Ein anderes Kind darf sich nun auf die Kinder legen und sich befördern lassen.

RÜCKEN AN RÜCKEN AUFSTEHEN

Anzahl der Mitspielenden: 2 Kinder

So geht es:

Die Kinder sitzen Rücken an Rücken auf dem Boden. Sie haben nun die Aufgabe, gemeinsam aufzustehen. Am besten stellen sie die Füße im Sitzen vor sich auf den Boden, lehnen sich gegen den Rücken des Partners oder der Partnerin und drücken sich gleichzeitig hoch in den Stand. Die Hände dürfen dabei nicht zur Hilfe genommen werden.

DER KLEBER AM RÜCKEN

Anzahl der Mitspielenden: 2 Kinder

So geht es:

Die Kinder sitzen Rücken an Rücken auf dem Boden. Sie stellen sich vor, dass ihre Rücken durch einen Superkleber zusammenkleben. Sie haben nun die Aufgabe, sich gemeinsam im Sitzen zu bewegen – und der Kleber hält die Rücken immer an einer Stelle zusammen. Die können sich vorbeugen, zurücklehnen, nach rechts oder links beugen. Schnell wird spürbar, dass dieses nur funktioniert, wenn ein Kind die Führung übernimmt und das andere Kind sich an die Bewegung anpasst.

LUFTBALLONSCHLANGE SCHLÄNGELT DURCH DEN RAUM

Anzahl der Mitspielenden: ab 3 Kinder

Das brauchen Sie: Luftballons

Vorbereitung: Die Luftballons werden aufgepustet und verknotet.

So geht es:

Jedes Kind bekommt einen Luftballon. Die Kinder stellen sich hintereinander in einer Reihe auf. Sie klemmen den Luftballon zwischen den eigenen Bauch und den Rücken des Kindes vor ihnen. Das erste Kind hält den Luftballon mit beiden Händen fest. Dieses ist der Schlangenkopf. Nun haben die Kinder die Aufgabe, sich gemeinsam in Bewegung zu setzen, ohne dass ein Ballon herunterfällt. Um ein Gefühl für dieses Spiel zu bekommen, ist es sinnvoll, wenn sich erst einmal kurze Schlangen von ca. drei Kindern bilden und sich umherbewegen. Wenn das gut klappt, können längere Schlangen gebildet werden.

LUFTBALLONTÄNZE

Anzahl der Mitspielenden: ab 2 Kinder

Das brauchen Sie: Musik, Luftballons

Vorbereitung: Die Luftballons werden aufgepustet und verknotet.

So geht es:

Die Kinder bilden Paare. Jedes Paar hat einen Luftballon. Sie stellen sich Rücken an Rücken und klemmen sich den Ballon zwischen die Rücken. Nun beginnen sie, sich zur Musik (gehend oder tänzerisch) zu bewegen, sodass der Ballon nicht auf den Boden fällt. Nach einer gewissen Zeit wird die Aufgabe verändert:

→ Der Ballon wird zwischen die Hände geklemmt.

→ Der Ballon wird zwischen die Stirnen geklemmt.

→ Der Ballon wird zwischen die Popos geklemmt.

→ Der Ballon wird zwischen die Bäuche geklemmt.

→ Der Ballon wird zwischen die Knie geklemmt.

FRAU HUT MACHT VOR ...

Anzahl der Mitspielenden: ab 6 Kinder

Das brauchen Sie: Hut

So geht es:

Die Kinder bewegen sich durch die Halle. Ein Kind setzt sich einen Hut auf. Das ist Frau Hut! Frau Hut ist nun die Vormacherin. Sie zeigt eine Fortbewegungsart, wie beispielsweise krabbeln, rückwärtsgehen, hüpfen oder auf den Fersen laufen. Alle

Kinder machen das nach. Wenn Frau Hut keine Lust mehr hat, diese Bewegung zu machen, gibt sie dem Hut einem anderen Kind und nun muss dieses Kind eine Fortbewegungsart vormachen, die die anderen Kinder nachmachen. Spätestens wenn alle Kinder, die möchten, einmal Frau Hut gewesen sind, ist das Spiel zu Ende.

Variation:

Die Kinder stehen im Kreis und Frau Hut macht eine Bewegung auf der Stelle, die die Kinder imitieren sollen. Dann geht sie zu einem anderen Kind und setzt diesem den Hut auf. Nun darf dieses Kind eine Bewegung vormachen, die alle nachmachen, usw.

DER SCHATTEN LÄUFT HINTERHER

Anzahl der Mitspielenden: 2 Kinder

So geht es:

Die Kinder bilden Paare. Sie einigen sich, wer in der ersten Spielrunde der Schatten sein möchte. Stehen die Rollen fest, beginnt ein Kind, sich mit großen Bewegungen durch die Halle zu bewegen. Der Schatten läuft hinter dem Kind her und imitiert diese Bewegungen. Auf ein Zeichen der Lehrkraft hin drehen sich beide Kinder um, sodass der Schatten plötzlich der Vormacher ist und das andere Kind die Bewegungen als Schatten imitiert.

SPIEGEL

Anzahl der Mitspielenden: 2 Kinder

So geht es:

Die Kinder bilden Paare. Ein Kind ist der Spiegel und das anderen Kind ist der Akteur. Das erste Kind macht Bewegungen vor dem „Spiegel“ und der Akteur „spiegelt“ diese Bewegungen, macht sie also genauso mit. Nach ein paar Minuten werden die Rollen getauscht.

UNSERE MASCHINE

Anzahl der Mitspielenden: ab 5 Kinder

So geht es:

Ein Kind beginnt, einen Teil einer Maschine darzustellen. Es hüpft beispielsweise auf der Stelle auf und ab. Das nächste Kind fügt sich in die Maschine als weiteres Teil ein. Dabei muss es sich auf das erste Kind beziehen. Es könnte z. B. eine Hand auf den Rücken des hüpfenden Kindes legen und ein Bein heben und senken. Danach fügt sich das dritte Kind als Maschinenteil ein usw. – bis alle Kinder gemeinsam eine große sich bewegende Maschine bilden.

Variation:

Jedes Kind bekommt einen Klebepunkt angebracht. Ein Kind ist der Ingenieur oder die Ingenieurin und darf die einzelnen Maschinenteile an und ausschalten, indem es auf den Punkt drückt.

DIE WINDFABRIK

Anzahl der Mitspielenden: ab 6 Kinder

Das brauchen Sie: Schwungtuch (alternativ großes Bettlaken)

So geht es:

Die Kinder versammeln sich um das Schwungtuch und fassen es an einer Schlinge oder am Rand an. Die Lehrkraft gibt vor: „Alle Kinder strecken sich ganz nach oben." Das Schwungtuch schwingt nach oben. „Alle Kinder gehen in die Hocke und machen sich ganz klein." Das Schwungtuch schwingt nach unten. Damit das Tuch gleichmäßig schwingen kann, gibt die Lehrkraft einen Rhythmus vor: „Hoch!" und „Runter!" Je synchroner die Kinder sich bewegen, desto stärker wird der Wind.

SCHWINGENDE LUFTBALLONS

Anzahl der Mitspielenden: ab 6 Kinder

Das brauchen Sie: Schwungtuch, Luftballons

Vorbereitung: Die Luftballons werden aufgepustet und verknotet.

So geht es:

Die Kinder schwingen das Tuch hoch und runter. Ist ein gemeinsamer Rhythmus gefunden, wirft die Lehrkraft einen Ballon auf das Schwungtuch. Die Kinder schwingen weiter und beobachten den Ballon. Nach und nach werden immer mehr Ballons auf das Tuch geworfen. So entsteht ein Himmel voller Luftballons, die auf und ab hüpfen. Die Kinder sollten darauf achten, dass kein Luftballon auf den Boden fällt.

EIN HIMMEL VOLLER FLUGZEUGE

Anzahl der Mitspielenden: ab 6 Kinder

So geht es:

Die Kinder spielen Flugzeug. Sie breiten ihre Arme aus und laufen durch die Halle. Sie laufen schnell oder langsam und fliegen große und kleine Kurven und Kreise. Aber Achtung! Der Himmel ist heute voller Flugzeuge, auf die man achten muss. Es darf keine Zusammenstöße geben!

WIR BAUEN EIN ZELT

Anzahl der Mitspielenden: ab 6 Kinder

Das brauchen Sie: Schwungtuch

So geht es:

Das Schwungtuch wird auf dem Boden ausgebreitet. Die Kinder versammeln sich hockend drumherum. Auf die Anweisung der Lehrkraft hin wird in drei Schritten ein Höhlenbau geübt. Das Tuch wird hochgeschwungen, alle machen einen Schritt in die Kreismitte und dann einen Schritt zurück. Dann wird das Tuch wieder heruntergeschwungen. Das Tuch wird erneut hochgeschwungen. Alle machen drei Schritte zur Kreismitte, nehmen das Tuch hinter den Rücken und setzen sich auf den Rand des Tuches. Und schon sitzen alle zusammen in einem gemütlichen Zelt!

AN DER DECKE KLEBT EIN TUCH

Anzahl der Mitspielenden: ab 8 Kinder

Das brauchen Sie: Schwungtuch

So geht es:

Die Kinder versammeln sich um das Schwungtuch und halten es am Rand oder an den Schlaufen fest. Sie beginnen, das Tuch in einem gemeinsamen Rhythmus, hoch und herunter, zu schwingen. Ist ein sicherer Rhythmus entstanden, sagt die Lehrkraft: „Noch dreimal schwingen, dann lassen wir auf ‚Drei und los!' alle zugleich das Tuch los!" Sie zählt laut „eins", „zwei", und zwar immer wenn das Tuch gerade oben ist. Beim dritten Mal ruft sie: „Drei und los!" Die Kinder lassen das Schwungtuch los und beobachten, was passiert.

Manchmal klebt das Tuch einen Moment unter der Decke. Manchmal fliegt es nach oben und gleitet wie ein Gespenst von der Decke herab. Je synchroner die Kinder das Tuch loslassen, desto höher ist die Wahrscheinlichkeit, dass es einen Moment unter der Decke kleben bleibt, bevor es zu Boden schwebt. Die Kinder fangen das Tuch gemeinsam auf, wenn es von der Decke herabsegelt.

DIE SCHILDKRÖTEN SIND LOS!

Anzahl der Mitspielenden: ab 5 Kinder

Das brauchen Sie: Matten

So geht es:

Jeweils vier bis fünf Kinder krabbeln unter eine Matte. Die Lehrkraft hält die Matte fest, sodass sie nicht von den Kindern rutscht. Die Kinder knien sich in den Vierfüßlerstand, sodass die Matte auf den Rücken der kleinen Kindergruppe liegt. Fertig ist die Schildkröte. Nun möchte die Schildkröte spazieren gehen. Die Kinder haben die Aufgabe, sich gemeinsam fortzubewegen, ohne dass die Matte von ihnen herunterrutscht.

Variation:

Bis zu 15 Kinder unter einem Schwungtuch stellen eine Riesenschildkröte dar. Wie bewegt sich diese durch die Halle?

ES WIRD ENG IM REIFEN

Anzahl der Mitspielenden: ab 8 Kinder

Das brauchen Sie: Reifen, Musik

So geht es:

Die Kinder bilden Paare. Jedes Paar bekommt einen Reifen und steigt hinein. Der Reifen wird auf Hüfthöhe gehalten. Spielt die Musik, laufen alle Kinderpaare in ihren Reifen durch die Halle. Sie müssen sich auf Tempo und Richtung einigen. Bei Musikstopp sucht sich jedes Paar ein anderes Paar. Diese tun sich zusammen: Vier Kinder stehen dann in zwei übereinander gelegten Reifen. Spielt die Musik wieder, bewegen sich die Kinder im Reifen weiter. Stoppt die Musik, tun sie sich erneut mit einem anderen Reifen zusammen. Nun stehen acht Kinder in vier Reifen. Das Spiel geht so lange weiter, bis kein Platz mehr im Reifen ist.

ZU ZWEIT IM REIFEN DURCH DIE HALLE

Anzahl der Mitspielenden: ab 2 Kinder

Das brauchen Sie: Reifen

So geht es:

Die Kinder bilden Paare. Jedes Paar bekommt einen Reifen und beide Kinder steigen hinein. Zu zweit im Reifen laufen sie kreuz und quer durch die Halle. Dabei müssen sie die Richtung und das Tempo aufeinander abstimmen.

KNIE UND ARM

Anzahl der Mitspielenden: ab 8 Kinder

Das brauchen Sie: Musik

So geht es:

Die Kinder bewegen sich frei zur Musik. Bei Musikstopp tun sich die Kinder zu zweit zusammen. Die Lehrkraft nennt zwei Körperteile – z. B. Knie und Arm. Das bedeutet, dass im ersten Tänzchen ein Knie des einen Kindes den Arm des anderen Kindes berühren muss. Die Musik wird wieder gespielt und das Tänzchen beginnt. Welche Bewegungsmöglichkeiten gibt es, wenn Knie und Arm aneinandergeklebt sind? Beim nächsten Musikstopp bilden die Kinder neue Paare und es werden zwei andere Körperteile angesagt, die beim nächsten Tanz zusammenkleben … Aufträge können sein:

→ „Kopf und Schulter kleben zusammen!"

→ „Bein und Arm kleben zusammen!"

→ „Hand und Rücken kleben zusammen!“

→ „Fuß und Bein kleben zusammen!“

→ „Schulter und Bein kleben zusammen!“ (Ein Tanz am Boden ist auch möglich!)

DER GESPENSTERTANZ

Anzahl der Mitspielenden: ab 2 Kinder

Das brauchen Sie: alte weiße Bettlaken, Schere, Musik

Vorbereitung: In die Bettlaken werden zwei kleine Gucklöcher geschnitten.

So geht es:

Die Kinder bilden Paare. Jedes Paar bekommt ein Bettlaken. Sie verstecken sich unter dem Laken. Ein Kind kann durch die Gucklöcher hinausschauen. Fertig ist das Gespenst. Die Gespenster bewegen sich kreuz und quer durch den Raum. Möglicherweise tanzen sie sogar zur Gespenstermusik.

SKILAUFEN

Anzahl der Mitspielenden: ab 3 Kinder

Das brauchen Sie: Bretter, dicke Gummibänder, Nägel, Hammer, glatter Untergrund im Freien

Vorbereitung: Aus den Brettern werden Ski gebaut, auf denen drei Kinder gemeinsam Platz haben. Mit Nägeln werden dicke Gummibänder als Fußschlaufen angebracht, sodass drei Kinder hintereinanderstehen können.

So geht es:

Jeweils drei Kinder stellen sich mit jedem Bein auf einen Ski. Sie schlüpfen mit ihren Füßen in die Fußschlaufen. Nun kann es losgehen. Aber wie kommen sie vorwärts? Nach einigem Probieren werden sie herausfinden, dass das erste Kind die Führung übernehmen kann, einen Rhythmus vorgibt und die zwei hinteren Kinder passen sich an. So wird der linke und der rechte Fuß abwechselnd nach vorn geschoben. Die Lehrkraft kann die Kinder unterstützen, indem sie den Rhythmus mitspricht: „Und vor – und vor!"

SKIFAHREN AUF WISCHLAPPEN

Anzahl der Mitspielenden: ab 2 Kinder

Das brauchen Sie: Wischlappen, einen glatten Boden

So geht es:

Die Kinder bilden Paare. Jedes Paar bekommt zwei Wischlappen. Sie legen die Wischlappen vor sich und beide Kinder stellen den linken Fuß auf den einen Lappen und den rechten auf den anderen. Nun kann es losgehen mit der Skifahrt, bei der gleichzeitig der Boden gewischt wird.

AUF DEM SCHIFF

Anzahl der Mitspielenden: ab 5 Kinder

Das brauchen Sie: Langbank, ca. 8–10 Gymnastikstäbe

Vorbereitung: Die Gymnastikstäbe werden hintereinander auf den Boden gelegt. Darauf wird die Langbank gestellt.

So geht es:

Die Kinder setzen sich mit derselben Blickrichtung gegrätscht hintereinander auf die Bank. Durch gemeinsames Vor- und Zurückwippen sollen sie bis zur anderen Hallenseite gelangen. Wegrollende Stäbe sollten von der Lehrkraft oder anderen Kindern schnell wieder vor die Bank gelegt werden, sodass die Bank wieder hinüberrollen kann. Nur wenn ein gemeinsamer Rhythmus gefunden wird, an den sich alle Kinder anpassen, landet das Schiff sicher und zügig im Hafen.

LITERATUR

- Bischoff, Anne/Menke, Ricarda/Madeira, Firmino/Sandhaus, Mareike/Ruploh, Brigitte/Zimmer, Renate: Sozial-emotionale Kompetenzen. Fördermöglichkeiten durch Spiel und Bewegung. Hrsg.: nife Niedersächsisches Institut für frühkindliche Bildung und Entwicklung. Nifbe Themenheft Nr. 12
- Böcher, Hartmut (Hrsg.): Erziehen, bilden und begleiten. Das Lehrbuch für Erzieherinnen und Erzieher. Troisdorf, Bildungsverlag EINS, 2010
- Busch, Felix: Ringen und Kämpfen. Ideen, Hintergründe und Praxisbeispiele für den Sportunterricht in der Grundschule, Donauwörth, Auer Verlag, 2002
- Gartinger, Silvia/ Janssen, Rolf (Hrsg.): Erzieherinnen + Erzieher. Sozialpädagogische Bildungsarbeit professionell gestalten. Berlin, Cornelsen, 2015
- Hubrig, Silke: Bewegung in der Kita. Lehrbuch für sozialpädagogische Berufe. Köln, Bildungsverlag EINS, 2014, 2. Auflage
- Kasten, Helmut: 4–6 Jahre. Entwicklungspsychologische Grundlagen. Weinheim und Basel, Beltz Verlag, 2005
- Klauß, Kerstin/Laux, Meike/Hertel, Silke: Soziale Kompetenzen gezielt fördern. Donauwörth, Auer Verlag, 2007
- Roux, Dr. Susanna: Zur Bedeutung sozial-emotionaler Entwicklung im frühen Kindesalter, im Internet zu finden auf den Seiten *kindergartenpaedagogik* unter dem Autorennamen bzw. der Artikelrecherche.
- Schaefer, Anja: Um in unserer Klasse dazuzugehören, … Zur Bedeutung von Normen für die soziale Integration in der Klasse. Potsdamer Zentrum für empirische Inklusionsforschung (ZEIF), 2017, Nr. 2 abrufbar unter: https://www.uni-potsdam.de/fileadmin01/projects/inklusion/PDFs/ZEIF-Blog/Schaefer_2017_Klassenintegration.pdf, aufgerufen am 31.01.2020
- Universität Kassel: Soziale Beziehungen in der Schule. Verfügbar unter: https://www.uni-kassel.de/fb01/institute/erziehungswissenschaft/fachgebiete/fb-sozialebeziehungen/soziale-beziehungen-in-der-schule/startseite.html, aufgerufen am 01.02.2020
- Zimmer, Renate: Miteinander Erleben mit Tiger und Bär. Weinheim und Basel, Beltz Verlag, 2014
- https://www.zg.ch/behoerden/direktion-fur-bildung-und-kultur/schulinfo/fokus/entwicklungspsychologie-2014-was-wann, aufgerufen am 30.01.2020

SPIELEREGISTER